みきママの めちゃうま！おうちごはん

みきママ

「毎日おい
パワーアップしたおうちご

作りおきが活躍！

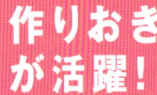

こんなおかずも

もっと早く作る方法、見つけた〜！

あんなおかずも

毎日豪華に！

1週間6000円の予算でがんばってまーす！

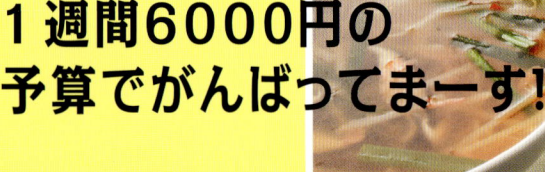

しく楽しく」
はん作り、お見せします！

ときには
子どもといっしょに

「作って食べる」
楽しさを味わって〜

ボクたちも
いっしょに作るよ〜

おかずも
ゴージャス

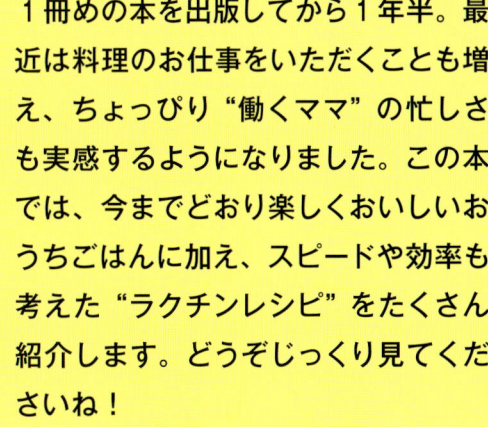

1冊めの本を出版してから1年半。最近は料理のお仕事をいただくことも増え、ちょっぴり"働くママ"の忙しさも実感するようになりました。この本では、今までどおり楽しくおいしいおうちごはんに加え、スピードや効率も考えた"ラクチンレシピ"をたくさん紹介します。どうぞじっくり見てくださいね！

家族が喜んでくれて、うれし〜！

contents

みきママの めちゃうま！おうちごはん

「毎日おいしく楽しく」
パワーアップしたおうちごはん作り、お見せします！　4

藤原家の晩ごはん献立　8
1週間6000円！しかもスピードアップ!!

毎日の晩ごはんを手際よく作れるように
さらに工夫を重ねてま～す

家族の好きなものを中心に献立を決めて、週1回まとめ買い！　10
道具の使い方や収納は、効率のよさを考えるといいですよ！　11
先手の準備、ストックをムダにしない！　いつも気をつけてます　12
肉と野菜の作りおきで、グンと時短！　13

日曜日　家族みんなで焼く　ホットプレートごはん　14
スタミナ炒め・いか焼き
速攻☆肉野菜炒め・卵わかめスープ

月曜日　野菜たっぷり　和食ごはん　18
ぶりの即席みそ焼き・5分で！筑前煮
彩り野菜漬け・とろ～り かき玉汁

火曜日　子どもも大好き！　洋食ごはん　22
ミルフィーユキャベツ・フライパンで簡単ふわふわピザ
マッシュポテト・速攻コンソメスープ

水曜日　麺がメインです　中華ごはん　26
本格担々麺・野菜たっぷり春巻き・レタスの中華あえ
もやしのラーメンスープ

木曜日　人気のメニュー　多国籍ごはん　30
ビッグガパオ・カレーサテ・小松菜で空芯菜風炒め
残り野菜でトムヤムクン

金曜日　お休み前はゆっくり！　居酒屋ごはん　34
メガトンステーキ・カップちらし寿司
じゃがいもと豚肉のとろとろ煮・のりチーズ焼き

土曜日　残り食材をおいしく　在庫一掃ごはん　38
残り野菜一掃！カレー鍋（締めはチーズリゾットで）
ごぼうのフライパンかき揚げ

5つの作りおきでアレンジおかず　42
ポテトミートグラタン・回鍋肉・マーボー根菜丼
肉豆腐・豚玉丼・ピーマンの肉詰め
肉だんごのトマト煮

わが家のおもしろイベント！

子どもと作る楽しいごはん＆おやつ　48

今日はパン作り。
総菜パンからおやつパンまでいろいろだよ～！　48

皮を焼いてみんなでワイワイ食べよ～！
タコスパーティ　52

大好きな生クリームとフルーツたっぷり。
クレープ屋さん、開店で～す！　54

お昼ごはんはうどんだよ～！
四国に行った気分で、作ってみよ～　56

今日は誕生日パーティ。
手作りケーキでびっくりさせようね！　58

※材料や作り方に出てくる表示の目安は以下のとおりです。 大さじ1＝15cc　小さじ1＝5cc　1カップ＝200cc
※電子レンジは600Wのものを使用しています。500Wの場合は、表示時間の1.2倍など、お使いの機器に合わせて調整してください。
※小麦粉と表記されている場合は薄力粉を使用しています。

→ 素材別おかずインデックスはP96〜97をご覧ください

家族が喜ぶ 人気のおかず　60
毎日役立つ しかもめちゃうま！

フライパンひとつで超☆豪華！　62
豚こま肉で満腹ステーキ・デミグラ煮込みハンバーグ
ローストビーフ・餃子の皮でラザニア
野菜もりもり！ 蒸ししゃぶ・さめてもサクサク！ 天ぷら

とっておき☆うますぎ、びっくり!!　68
卵ソースのせ しょうが焼き・どでかフライドチキン＆フライドポテト
キャベツたっぷりとん平焼き・辛うま! ヤンニョムチキン
レタスの肉みそのせ・みそチャーシュー

おうちで楽しい外食メニュー　72
藤原家の北京ダック風・フィッシュ＆チップス・照り焼きバーガー
串カツスペシャル・彩り野菜のジュレサラダ
クリスピー！ 餃子ピザ・もちもち角煮まん

家族に大好評! わが家の定番☆おかず　76
鶏肉と野菜の彩り黒酢あんかけ・トマトと卵の中華炒め
ぶりと野菜の甘辛あん・鶏肉とごぼうのみそ煮
しそバーグ・味つけ卵

おかずいらずの味つきご飯　80
照り焼きアボカド丼・炊飯器で洋風ピラフ
スパイシー〜！ ジャンバラヤ・お赤飯・餃子丼・肉巻きおにぎり
おもちで! 中華おこわ

めちゃうま☆いろいろ麺　84
冷製トマトそうめん・ひやむぎでビビン麺・上海焼きそば
白菜のうま煮ラーメン・アマトリチャーナ風パスタ
フライパンひとつで! 濃厚カルボナーラ

あと1品欲しいときに! 速攻!! 野菜のおかず　88
水菜のカリカリベーコンサラダ・夏野菜の焼きびたし
白菜とハムのうまサラダ・なすの本格漬けもの
きゅうりの梅かつおあえ・太太根のポリポリ中華サラダ
セロリのすっきりあえ・温野菜のバターソテー
にんじんのシリシリ・長ねぎのうま炒め
れんこんの塩焼き・アボカドのどか盛りタルタル
オクラと豆腐のねばねばサラダ・キャベツの塩昆布あえ
レンジでジャーマンポテト

おかずのひとつ。 ボリュームたっぷりスープ　92
キムチだんごスープ・きのこのポタージュ
しょうがミルクスープ・中華風コーンスープ

おうちでカンタン! たれ＆ドレッシング　46
みきママおすすめ☆献立カレンダー　94

1週間6000円！しかもスピードアップ!!

藤原家の晩ごはん 献立

今日もママのごはん、おいしいね〜!

外食のように楽しく、おいしいごはんを作って、家族に喜んでもらいたい! 最近はそこに「手早く作る」が加わりました。手抜きせず豪華に見せるにはどうしたらいいか…たどりついたのが「作りおき」の工夫です。これからお見せするのは、予算6000円台で作りおきを駆使した「新・1週間献立」。ラクチンすぎてびっくりですよ〜!

> 節約&スピードアップ

毎日の晩ごはんを手際よく作れるようにさらに工夫を重ねてま〜す

今までは節約しながら豪華に！と考えていたけど、最近はそこに時短も加わりました。時間もお金もじょうずに使えるワザを、日々研究してます！

  買い物のコツ

家族の好きなものを中心に献立を決めて、週1回まとめ買い！

食材は計画的にまとめ買いして、ムダ買いしないようにしていますが、献立は完全には決めません。家族のリクエストを聞いてメインだけ決めたら、あとは安い材料で副菜を考えるのがコツ。家族の好きなものを出しながら、予算週6000円台も守れます！

今週の買い物はこれ！

ごぼう2本、万能ねぎ1束、さやいんげん1袋、豚こま切れ肉1kg、豚ひき肉750g、鶏もも肉3枚、しいたけ6個、にんじん3本、ぶり4切れ、いか2はい、小松菜1束、大根1本、長ねぎ3本、玉ねぎ4個、じゃがいも5個、ピーマン6個、れんこん1節、プチトマト1パック、ソーセージ2袋、きゅうり2本、カレールウ1箱、レタス1玉、もやし2袋、ラーメン3玉、卵1パック、春巻きの皮1袋、キャベツ1玉、牛乳1本

しめて5877円！　今週もがんばろう！

キッチンの工夫

道具の使い方や収納は、
効率のよさを考えるといいですよ！

出したりしまったり、混ぜたりつかんだり。そんな作業の積み重ねで、料理のスピードって決まるから、動線や道具の工夫は大事。物の位置を決めてムダな動作を極力減らし、便利道具の力も大いに使います。おかげでかなり時短できました！

使い勝手のいい道具を厳選

ここで紹介する道具は、毎日のように使っているものばかり。イライラしたり、モタモタすることがないからごはん作りがスムーズに進みます。超おすすめ～！

チン専用の容器を用意
お皿にのせてラップをかけるより、レンジOKのふたつき耐熱容器のほうが簡単。ラップ代も節約できておトクです。

ビッグサイズの計量カップ
一度に6カップ分も量れるすぐれもの。しいたけをもどしたり、調味料を合わせたり、ボウル代わりにも。

万能！ミニしゃもじ
飯台についていた寿司飯用のしゃもじですが、小さくて扱いやすく、ソースを塗ったり生地を混ぜるのに断然便利。

ミニサイズのホイッパー
ドレッシングやたれを混ぜるときに大活躍！ 箸より早く、しっかり混ぜられます。100均のもので充分。

出番の多いトング
炒めもの、盛りつけにはコレ。たくさんつかめて作業できます。柄が熱で溶けない素材がおすすめ。

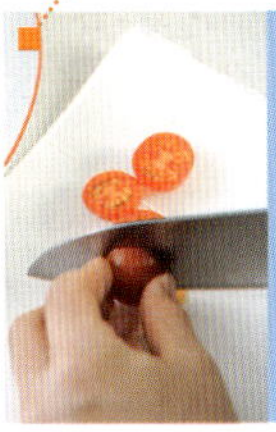

牛乳パックはまな板代わり
大きいまな板を出すのが面倒なときや、魚をさばくときは牛乳パックの即席まな板が便利。使い捨てはラク！

食器は取り出しやすく！

食器棚に100均のブックホルダーをセットし、1枚ずつ立てて収納しています。何がどこにあるかひと目で探せて、重ねるより出し入れしやすいのがポイント。

ひと目でわかるスパイス収納

小袋類は、コンロ下の引き出しの壁面にハンギング収納。砂糖、塩など基本調味料は、透明ボトルに移してラベルを貼り、よく使う計量スプーンも入れておくと早い。

調理台はいつもすっきり

調理に取りかかる前にコンロに鍋をセットし、ラックに使う材料をのせてスタンバイ。狭いスペースでも、いつも広々と使えるようにしています。

手早く進める工夫

先手の準備、ストックをムダにしない！
いつも気をつけてます

先に準備できることは、早めにやっておくのがスピードアップの秘訣。たとえば野菜を切っておいたり、汁ものやサラダだけ先に作りおいたり。ひとつでもふたつでも先に終わらせておけば、30分で作らなくちゃ！なんてときもあわてません。

冷蔵庫のストックはメモに

せっかく冷凍しても、しまったまま使い忘れちゃうと"化石"になっちゃう。そこで冷凍庫の在庫はメモして、目で見えるように。材料もムダにならないし、「あれ作れるな〜！」って、レシピも思い出せるんです。

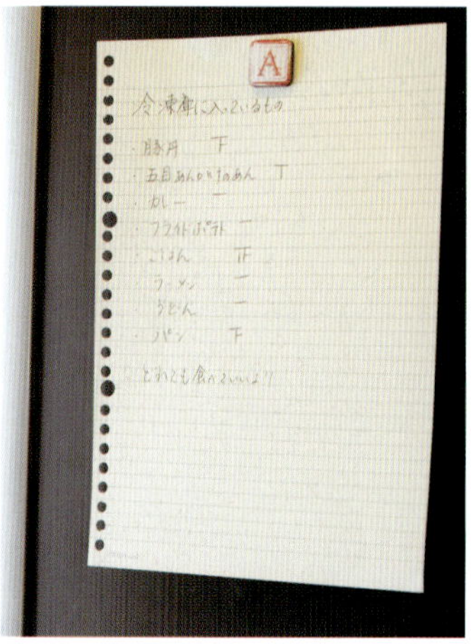

出かける前のちょいひと手間が◎

一日お出かけする日は、下ごしらえだけ済ませたり、ハンバーグのたねだけ作ったり、できるだけ"半調理"しておくようにします。焼くだけ、温めるだけのものがあれば、4品もあっという間に！

覚えたいものは繰り返し作ります！

慣れてない料理を作るときって、すごく時間がかかっちゃう。だから、また作りたいと思ったら何度もトライ。作っているうちに体が調理過程を覚えて、動きが早くなるんです。これも手早く作るためのワザ！

おすすめ！ 簡単ストック

肉と野菜の**作りおき**で、グンと**時短**！1週間の献立もこれを使い分けます

最近、作りおきにはまってます！やってみるまでは作るのが面倒かなって思ったけど、"半調理ストック"があると本当に助かる〜！いろいろ試してみて、わが家でいちばん使えるこの5つはヘビーリピート中。

豚丼の具

味つけと加熱まで済ませてしまいます！

冷蔵5日　冷凍2週間

P14〜の1週間献立で日曜日、水曜日に使っています。

材料（作りやすい量・約780g）

豚こま切れ肉	600g
玉ねぎ（薄切り）	1個

A
しょうゆ	大さじ6
砂糖・酒	各大さじ3
みりん	大さじ3
おろししょうが	小さじ1

サラダ油

作り方

フライパンにサラダ油大さじ½を熱し、玉ねぎを炒める。しんなりしてきたら豚肉を加えて炒め、肉の色が変わったらAを加えて強火でからめる。保存袋に入れ、袋の中でざっと6等分して冷蔵または冷凍する。解凍は冷蔵庫で。

根菜ミックス

火を通しておけば調理もラクチン

冷蔵5日

P14〜の1週間献立で月曜日、火曜日、金曜日に使っています。

材料（作りやすい量・約1050g）

大根（8mm厚さのいちょう切り）	下部⅓本
にんじん（8mm厚さのいちょう切り）	½本
ごぼう（斜め薄切り）	1本
れんこん（5mm厚さの薄切りにし、酢水にさらす）	½節（120g）
しいたけ（石づきを取り、薄切り）	2枚
粉末鶏ガラスープの素	小さじ2

作り方

鍋に水3カップ、すべての材料を入れて弱めの中火で12分ほどゆでる（途中でアクを取る）。煮汁ごと保存容器に入れて冷蔵する。

野菜ミックス

好みの野菜をザクザク切って〜

冷蔵3〜4日

P14〜の1週間献立で日曜日に使っています。

材料（作りやすい量・約450g）

キャベツ（ひと口大に切る）	¼個
にんじん（薄い短冊切り）	⅓本
もやし	½袋

作り方

保存袋にすべての材料を洗わずに入れる。空気を押し出して口を閉じ、冷蔵する。

じゃがいもマッシュ

サラダやコロッケにも使えます

冷蔵5日

P14〜の1週間献立で火曜日に使っています。

材料（作りやすい量・約400g）

じゃがいも	3個

作り方

じゃがいもは皮をむいて耐熱容器に入れ、電子レンジで8分加熱する。取り出して容器の中でつぶし、冷蔵する。

万能ひき肉だね

和洋中何にでも応用できて便利

冷蔵3日　冷凍1週間

P14〜の1週間献立で火曜日、木曜日に使っています。

材料（作りやすい量・約780g）

豚ひき肉	600g
玉ねぎ（みじん切り）	1個

作り方

保存袋にひき肉、玉ねぎを入れてよく混ぜる。平らにのばして箸で3等分に筋をつけ、冷蔵または冷凍する。解凍は冷蔵庫で。

1日め

日曜日

ホットプレートごはん

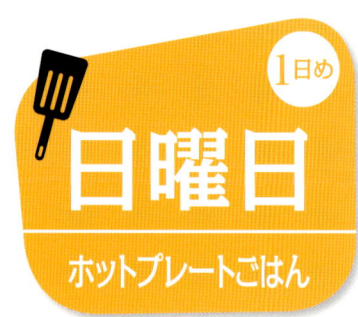

休日はお約束の
家族みんなで焼

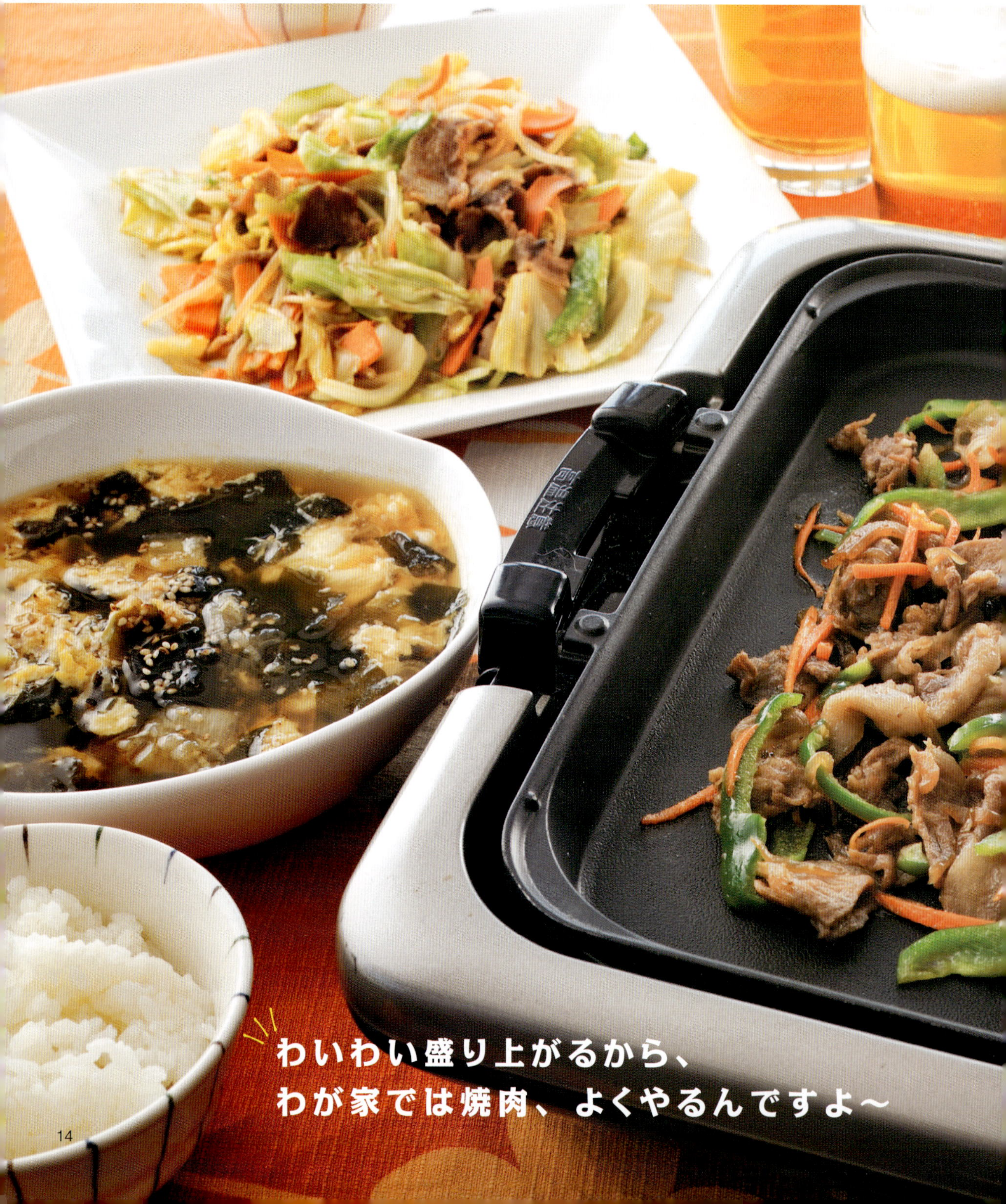

わいわい盛り上がるから、
わが家では焼肉、よくやるんですよ～

鉄板！
きながら楽しみます

今日の晩ごはんは
- ★ スタミナ炒め
- ★ いか焼き
- ★ 速攻☆肉野菜炒め
- ★ 卵わかめスープ

　藤原家は、にぎやかに食べる鉄板メニューがだ～い好き！今週は野菜をたっぷり食べたいから、肉野菜祭りでいってみよ～！

　具材の肉はね、甘辛く味つけしておいた豚丼の具を、野菜といっしょにからめるだけ。いか焼きもホイルごとのせて焼けば、屋台みたいにアツアツが食べられるんだ。材料を並べて、冷えたビールを出して。はる兄もれんちびもお手伝いしてね。さあ、パーティ始めるよ～!!

作りおきを2種使って、あっという間に準備完了！野菜もたっぷり食べられます

肉野菜炒めも、鉄板なら一度にどかんと作れちゃう！スープはコンロで先に作って、出すときに温め直してね。

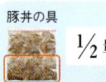 豚丼の具 ½量

味つけ不要だからラクチンでーす

スタミナ炒め

野菜を炒めたら、作りおきの豚丼の具をそのまま投入。同時に、味つけも完了！ご飯にのせてもいけるね！

材料（4人分）

- 豚丼の具（作り方P13・冷凍した場合は使う分だけ解凍する）……½量（約390g）
- にんじん（細切り）……½本
- ピーマン（細切り）……2個
- おろしにんにく……小さじ½
- コチュジャン……小さじ½
- ごま油

作り方

ホットプレートにごま油大さじ½を熱し、にんじんを炒める。しんなりしてきたら、残りの材料を加えて炒め合わせる。

中華風の味つけで焼肉に合う！

卵わかめスープ

溶き卵は、細く流し入れて静かに火を通すとふわふわに！

材料（4人分）

- 乾燥わかめ……大さじ3
- 長ねぎ（小口切り）……⅓本
- 溶き卵……2個分
- A
  - 粉末鶏ガラスープの素……大さじ1
  - しょうゆ・オイスターソース……各大さじ1
  - おろししょうが・おろしにんにく……各小さじ½
  - ごま油……大さじ½
  - こしょう……少々
- 白いりごま……適量

作り方

鍋に乾燥わかめ、長ねぎ、水4カップ、Aを入れ、火にかける。沸騰したら溶き卵を細く流し、箸で混ぜる。器に盛り、白いりごまをふる。

> わたごと使ってうまみたっぷり！

いか焼き

うまみのあるわたを味つけに使うのがポイント。
ホイルに包めば鉄板も汚れず、いかもやわらか〜。

材料（4人分）
いか（足と胴に分けてわたを取り、輪切り） ……… 2はい
A
- しょうゆ …………………………………… 小さじ2
- みりん・砂糖 ……………………………… 各小さじ1
- おろししょうが ……………………………… 少々

酒

作り方
1. アルミホイルにいかをのせ、わたを手で絞り出す。酒小さじ1をふり、別のアルミホイルをかぶせて端を折って閉じる。 
2. ホットプレートを250℃に温め、8〜10分ほど蒸し焼く。上のアルミホイルを取り、火が通っていたら、Aを加えて少したれを煮つめる。

 豚丼の具  1/6量 ＋ 野菜ミックス  全量

> 作りおき2種を使ってあっという間

速攻☆肉野菜炒め

ざくざく切った野菜ミックスと、豚丼の具。
ふたつの作りおきがあれば、下ごしらえいらず。

材料（4人分）
野菜ミックス（作り方P13・洗う） ……… 1袋（約450g）
豚丼の具（作り方P13・冷凍した場合は使う分だけ解凍する）
　………………………………………… 1/6量（約130g）
粉末鶏ガラスープの素 ……………………… 小さじ1/2
塩　こしょう　サラダ油

作り方
ホットプレートにサラダ油大さじ1を熱し、野菜と豚丼の具を炒める。野菜がしんなりしたら、塩、こしょう各少々、粉末鶏ガラスープの素で調味する。

4品同時に作る手順はこちら〜♪

スタミナ炒め	野菜を切る →	炒める →
いか焼き	下ごしらえをする →	焼く →
速攻☆肉野菜炒め		炒める →
卵わかめスープ	スープを作る →	温める →

順番に焼いていただきま〜す

月曜日
2日め 和食ごはん

藤原家の和食は、見た目も華やか

野菜でボリュームもアップ。
大皿盛りだから、豪華に見える〜！

野菜たっぷりが自慢!
でしょ

今日の晩ごはんは

★ ぶりの即席みそ焼き
★ 5分で! 筑前煮
★ 彩り野菜漬け
★ とろ〜り かき玉汁

　家族のリクエストを聞くと、どうしても肉おかずに偏っちゃう。せめて和食の日は、魚や野菜をたっぷり使って、ヘルシーでバランスのいい献立にしたいなと思ってます。
　野菜ってたくさん使うと彩りになるし、なによりかさ増しできるのがいいところ。ぶりも、野菜を添えて大皿に盛ればすごくごちそうっぽく見えるでしょ。「和食だけど、今日はなんだか豪華だね」って、家族に言ってもらえたら大成功です!

月曜日 2日め
和食ごはん

イチから始めたら時間のかかる煮ものも簡単。
野菜パックを使えばすぐできます！

筑前煮は下ゆでした根菜ミックスを使えばたったの5分！　1品ラクしてパパっと作っちゃお。

野菜でかさ増し。切り身もドンとメインに

ぶりの即席みそ焼き

たれに漬け込まずかけるだけ。
ぶりも野菜も
しっかり味がからんで手間なし！

材料（4人分）

ぶり（軽く塩をふって10分おき水けを拭く）
　　　　　　　　　　　　　　　4切れ
A｜みそ　　　　　　　　　　　大さじ2
　｜しょうゆ・酒　　　　　　各大さじ1
　｜砂糖・みりん　　　　　　各大さじ1
にんじん（短冊切り）　　　　　　⅓本
れんこん（5mm厚さの輪切り）
　　　　　　　　　　　　　½節（120g）
長ねぎ（4cm長さに切る）　　　　1本
サラダ油

作り方

1　バットにぶり、野菜を並べ、合わせたAを加えて全体にのせる。

2　フライパンにサラダ油大さじ1を熱し、1のにんじん、れんこん、長ねぎを順に焼く。焼き目がついたらぶりを加えて焼く。

4品同時に作る手順はこちら〜♪

ぶりの即席みそ焼き	下ごしらえをする → 焼く
5分で！ 筑前煮	具材を炒め煮する
彩り野菜漬け	野菜を切って漬ける
とろ〜り かき玉汁	作り方1まで作る → 温め直して卵を入れる

できた〜！

魔法のようにあっという間！
5分で！筑前煮

加熱に時間がかかる根菜は下ゆで済みの作りおきを利用。めちゃ早！

根菜ミックス 1/3量

材料（4人分）
- 鶏もも肉（ひと口大に切る） …… 1/2枚
- 根菜ミックス（作り方P13） …… 1/3量（約350g）
- A
  - しょうゆ …… 大さじ1
  - みりん …… 小さじ2
  - 砂糖 …… 小さじ1
  - 和風顆粒だしの素 …… 小さじ1/4
- さやいんげん（塩ゆでして長さ半分に切る） …… 4本
- サラダ油

作り方
1. フライパンにサラダ油大さじ1/2を熱し、鶏肉を炒める。こんがりと焼き色がついたら、根菜ミックスを加えてサッと炒め合わせる。Aを加え、中火で3分炒める。
2. さやいんげんを加えて火を止める。

先に仕込んでおけばおいし〜！
彩り野菜漬け

材料を切って漬けたら冷蔵庫にほったらかし。気がついたら1品完成！

材料（4人分）
- 大根（いちょう切り） …… 上部1/3本
- にんじん（いちょう切り） …… 1/3本
- きゅうり（斜め切り） …… 1本
- A
  - 酢 …… 1/4カップ
  - 砂糖 …… 大さじ2
  - 塩 …… 小さじ1/4
  - 赤唐辛子（小口切り） …… 好みで少々
  - おろししょうが …… 小さじ1/4
- 塩

作り方
1. 保存容器に大根、にんじん、きゅうりを入れ、塩小さじ1をふってもみ込む。30分ほどおいて水けをきる。
2. 水1/4カップ、Aを混ぜ合わせ、1の野菜に加えて冷蔵庫で30分ほど漬ける。

ふわふわ〜のやさしいお味です
とろ〜り かき玉汁

溶き卵を入れてお玉で混ぜると、料亭みたいなふんわりかき玉に。

材料（4人分）
- しいたけ（石づきを取り薄切り） …… 1個
- 溶き卵 …… 2個分
- めんつゆ（3倍濃縮） …… 1/2カップ
- 片栗粉

作り方
1. 鍋に水3と1/2カップ、めんつゆ、しいたけを入れて火にかけ、温まってきたら水溶き片栗粉（片栗粉大さじ2、水大さじ3）を加えて静かに煮立てる。
2. 1に溶き卵を回し入れ、ひと呼吸おいてお玉で大きくゆっくりひと混ぜする。

子どもの好きな気分はファミレ

火曜日 3日め
洋食ごはん

お店で食べてるみたいでワクワクしちゃうね！

ものをいっぱい！
ス！です

今日の晩ごはんは
- ★ ミルフィーユキャベツ
- ★ フライパンで簡単
  ふわふわピザ
- ★ マッシュポテト
- ★ 速攻コンソメスープ

　子どもたちがいちばん楽しみにしている洋食の日。リクエストにこたえて、藤原家特製のビッグなふわふわピザを作りましょ。

　ひき肉ぎっしりのミルフィーユキャベツに、あらかじめつぶしておいたじゃがいもでマッシュポテトも作ったら、なんだかファミレスメニューみたい！　はる兄もれんちびも「早く食べたいな～」って、待ちきれない顔。アツアツのピザが焼けるまで、もうちょっと待っててね！

火曜日 3日め
洋食ごはん

ピザは焼きたてがおいしいから、いちばん最後。でき上がりを逆算しながら作りましょ！

作りおきのじゃがいもマッシュがあるから、1品はできたも同然。時間がかかるメインの合間に、残りを準備して。

ひき肉だねとキャベツを重ねて蒸すとまるでケーキみたいで盛り上がる〜！
キャベツもおいしく消費できちゃいます。

万能ひき肉だね 2/3量

包む手間ナシだからラクチンです

ミルフィーユキャベツ

材料（4人分）
- キャベツ（芯を取る） …… 1/4個
- 万能ひき肉だね（作り方P13・冷凍した場合は使う分だけ解凍する） …… 2/3量（約520g）
- A
  - パン粉 …… 大さじ4
  - マヨネーズ …… 大さじ1
  - 卵 …… 1個
- 顆粒コンソメの素 …… 大さじ1
- プチトマト（へたを取って8等分に切る） …… 2個

作り方

1. キャベツはラップに包み、電子レンジで4分加熱する。取り出して粗熱を取り、1枚ずつはがす。ひき肉だねはボウルに入れ、Aを混ぜておく。

2. 鍋（直径21cm程度）にキャベツ、**1のひき肉だねを交互に重ね**、水1と1/2カップ、顆粒コンソメの素を加える。**アルミホイルをかぶせてふたをし、弱火で15〜20分ほど煮る**。

3. 鍋の端にフライ返しを入れて取り出し、器に盛る（汁もかける）。8等分に切ってプチトマトを飾る。

4品同時に作る手順はこちら〜♪

ミルフィーユキャベツ	キャベツと肉を鍋にセット	火にかけて15〜20分煮る	
フライパンで簡単ふわふわピザ	具材を用意	生地を作って焼き始める	具材をのせて仕上げる
マッシュポテト		仕上げる	
速攻コンソメスープ	スープを作る		温め直す

できた〜！

お店みたいにできますよ〜！

フライパンで簡単ふわふわピザ

ベーキングパウダーを入れると、発酵しなくてもふわふわ〜。

材料（直径26cm 1枚分）

〈生地〉
- 強力粉 150g
- ベーキングパウダー 5g
- 砂糖 8g
- 塩 1g

〈具〉
- プチトマト（へたを取って半分に切る） 4個
- さやいんげん（塩ゆでする） 5本
- ピザ用チーズ 適量

〈ピザソース〉
- ケチャップ 大さじ3
- しょうゆ・酢 各小さじ1と½
- 砂糖 小さじ½
- 粒マスタード 少々

マヨネーズ　粗びき黒こしょう

作り方

1. ボウルに生地の材料、水90ccを入れてなめらかになるまで混ぜる。丸めてラップで包み、常温で5分おく。
2. 1の生地をフライパンにのせて手でいっぱいに広げ、弱めの中火で1分30秒ほど焼く。裏返してピザソースを塗り、ピザ用チーズ、プチトマト、さやいんげんの順にのせてマヨネーズ適量をかける。ふたをして3分ほど蒸し焼く。仕上げに粗びき黒こしょうをふる。

作りおきを利用してすぐ作れる！

マッシュポテト

じゃがいもマッシュ　全量

つぶしたじゃがいもがあれば簡単。じゃがいもが余っているときにも。

材料（4人分）
- じゃがいもマッシュ（作り方P13） 全量（約400g）
- バター 20g
- 牛乳 120cc
- 塩　こしょう

作り方

1. じゃがいもマッシュは電子レンジで加熱して温め、熱いうちにバターを加え混ぜる。
2. 1に牛乳を少しずつ加え、なめらかに混ぜる。塩小さじ¼、こしょう少々で味をととのえる。器にレタス（分量外）を敷いて盛る。

野菜に火を通す手間ナシ！

速攻コンソメスープ

根菜ミックス　⅓量

作りおきの根菜ミックスを使うと、ゆで時間がぐっと短縮されます！

材料（4人分）
- 根菜ミックス（作り方P13） ⅓量（約350g）
- ソーセージ（斜めに2等分） 4本
- 顆粒コンソメの素 大さじ1
- 塩　こしょう

作り方

鍋に根菜ミックス、ソーセージ、水4カップを入れて火にかける。中火で3〜4分ほど煮たら、顆粒コンソメの素、塩小さじ¼、こしょう少々で調味する。

水曜日 4日め
中華ごはん

私の得意な中華
麺も工夫すれば

麺が好きなダンナが大喜び！
家族の「好き」がいちばんですね～

メニュー！
立派なメインに

今日の晩ごはんは
★ 本格担々麺
★ 野菜たっぷり春巻き
★ レタスの中華あえ
★ もやしの
　ラーメンスープ

　週に1度の中華の日に、ときどき登場するのが麺献立。でも麺1品じゃ晩ごはんとしてはもの足りないから、おかずを多めに作ってボリュームとにぎやかさを出すようにしています。

　今日の献立に入れたのは、家族みんなが好きな春巻き。作りおきの豚丼の具を使えば、面倒なあん作りもラクチン！ サッと作れるレタスサラダと中華スープを添えたら、麺好きのダンナはもちろん、子どもたちにも大ウケ！ やったね!!

水曜日 4日め
中華ごはん

麺メインのときも、いつもどおりの品数をキープ！
おかずも汁もつけてボリュームアップさせます

春巻きはビックリするほど具だくさんで、ごちそう感たっぷり。麺は最後にゆでて、できたてを出してね。

> たれを入れてから麺をのせるとお店風！

本格担々麺

ひき肉たっぷりでおいしい！
味が薄まらないように、
麺はこれでもかというくらい
しっかり湯切りしてね。

材料（4人分）

生ラーメン		3玉
豚ひき肉		150g
A	甜麺醤	大さじ1
	しょうゆ・酒・砂糖	各少々
B	白練りごま	大さじ3
	酢	大さじ3
	しょうゆ	大さじ2
	砂糖・ごま油	各大さじ1と½
	コチュジャン	小さじ1
長ねぎ（白髪に切る）		⅓本
きゅうり（細切り）		1本
プチトマト（へたを取り4等分に切る）		2個
サラダ油		

作り方

1. フライパンにサラダ油小さじ1を熱し、ひき肉を炒める。肉の色が変わったら合わせた**A**を加えて調味する。
2. 沸騰した湯で生ラーメンを袋の表示どおりにゆでる。ざるにあげて氷水で冷やし、水けをきる。
3. 器に**B**、水大さじ3のごまだれを合わせて入れる。**2**のラーメンをのせて長ねぎ、きゅうりを添え、**1**の肉みそをのせる。プチトマトを添える。

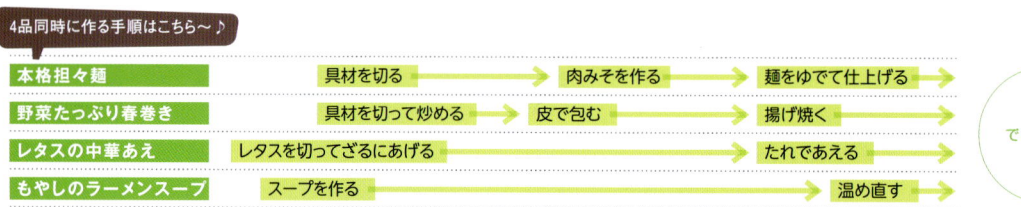

4品同時に作る手順はこちら～♪

本格担々麺	具材を切る	→ 肉みそを作る	→ 麺をゆでて仕上げる	→
野菜たっぷり春巻き	具材を切って炒める	→ 皮で包む	→ 揚げ焼く	→
レタスの中華あえ	レタスを切ってざるにあげる		→ たれであえる	→
もやしのラーメンスープ	スープを作る		→ 温め直す	→

できた～！

ドカンとボリュームいっぱい

野菜たっぷり春巻き

あんは炒めて巻くだけ。味もジューシー！

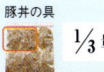
豚丼の具 1/3量

材料（10本分）
- 豚丼の具（作り方P13・冷凍した場合は使う分だけ解凍する）…1/3量（約260g）
- キャベツ（細切り）……1/4個
- にんじん（細切り）……1/2本
- もやし……1/2袋
- しいたけ（薄切り）……2個
- 春雨（湯でもどしてざく切り）30g
- A｜オイスターソース大さじ1
- 　｜塩……少々
- 春巻きの皮……10枚
- サラダ油　ごま油

作り方
1. フライパンにごま油大さじ1を熱し、春巻きの皮、A以外の材料を中火で炒める。
2. キャベツがしんなりしたらAを加え、水分がなくなるまで炒める。火を止めて粗熱を取る。
3. 春巻きの皮に2の具を適量のせて包む。フライパンにサラダ油を高さ5mmほど注いで中火で熱し、春巻きを両面こんがり揚げ焼く（焦げそうになったら火を弱める）。

食べる直前にサッとあえるだけ

レタスの中華あえ

あえるときは、韓国風に手でもみ込むとおいしく混ぜられます！

材料（4人分）
- レタス（食べやすくちぎる）……1/2個
- 長ねぎ（青い部分も入れる・斜め薄切り）……1/3本
- A｜ごま油……大さじ2
- 　｜粉末鶏ガラスープの素　小さじ1/4
- 　｜塩……ひとつまみ
- 白いりごま……大さじ1

作り方
レタス、長ねぎは冷水にさらしてパリッとさせ、水けをよく拭く。ボウルに入れ、合わせたAを加えてあえる。器に盛り、白いりごまをふる。

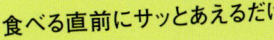

サッと火を通せばでき上がり！

もやしのラーメンスープ

大根の葉っぱもムダなく使いきり。ラーメン風スープがまたうまい!!

材料（4人分）
- もやし……1/2袋
- 大根葉（刻む）……1本分
- A｜和風顆粒だしの素　小さじ1
- 　｜粉末鶏ガラスープの素　小さじ2
- 　｜しょうゆ……小さじ2
- 　｜塩……小さじ1/4
- 白いりごま……少々
- ごま油　こしょう

作り方
鍋にごま油大さじ1/2を熱し、もやし、大根葉を炒める。全体に油が回ったら水4カップ、Aを加えてひと煮立ちさせ、白いりごまとこしょう少々をふる。

木曜日
多国籍ごはん
5日め

人気のメニュー
子どもも喜んで

「わー、今日は何屋さん?」
スパイシーな香りに目がキラキラ☆

をおうち風にアレンジ。
食べてくれます

今日の晩ごはんは
★ ビッグガパオ
★ カレーサテ
★ 小松菜で空芯菜風炒め
★ 残り野菜でトムヤムクン

　献立がマンネリになってきたら、目先を変えてアジアンごはん！ インドネシアにタイに中国と、多国籍で楽しみましょ。

　子どもたちは慣れない料理だと手が伸びないから、大人がおいしそうに食べてノセちゃうのがコツ。ひと口食べれば「おいしいね〜」ってパクパクいきます。最近はスーパーでエスニック食材が手軽に手に入るし、家にある普通の調味料でも作れるからおすすめですよ！

スイートチリソースや乾燥バジル、ナンプラーがあると、本格的な味が作れます。

木曜日 5日め
多国籍ごはん

コツは調味料使い。組み合わせさえわかれば、おうちにある材料で簡単に作れるんですよ！

子どもにもおいしく食べてほしいから、スパイスの量は様子をみて加減します。簡単に作れますよ〜。

スパイスさえあれば、めちゃ簡単！

ビッグガパオ

カフェでも最近よく見かけるインドネシア料理。ポイントは、乾燥バジルを入れること。本格エスニックの風味になります！

万能ひき肉だね 1/3量

材料（4人分）
- 万能ひき肉だね（作り方P13・冷凍した場合は使う分だけ解凍する） …… 1/3量（約260g）
- にんじん（みじん切り） …… 1/3本
- ピーマン（みじん切り） …… 2個
- おろしにんにく …… 小さじ1
- A
  - ナンプラー …… 大さじ1と1/2
  - オイスターソース …… 大さじ1
  - しょうゆ・砂糖 …… 各小さじ1
  - ドライバジル …… 多めに適量
- 卵 …… 2個
- ご飯 …… 茶碗4杯分
- さやいんげん（塩ゆでする） …… 4本
- サラダ油　塩
- こしょう　粗びき黒こしょう

作り方
1. フライパンにサラダ油大さじ1/2を熱し、ひき肉だね、にんじん、ピーマン、おろしにんにくを炒める。

2. にんじんに火が通ったらAを加えて炒め合わせ、塩、こしょう各少々で味をととのえる。
3. 別のフライパンにサラダ油小さじ1を熱し、卵を割り入れて目玉焼きを作る。器にご飯を盛り、2と目玉焼きをのせて粗びき黒こしょう少々をふる。さやいんげんを添える。

これなら子どもも食べられます

小松菜で空芯菜風炒め

手に入りにくい空芯菜の代わりに小松菜で代用しました。

材料（4人分）
- 小松菜（4cm長さに切る） …… 1束
- A
  - おろしにんにく …… 小さじ1
  - 赤唐辛子（小口切り） …… 少々
  - ナンプラー …… 大さじ1/2
  - オイスターソース …… 大さじ1/2
  - 砂糖 …… 小さじ1と1/2
- サラダ油

作り方
フライパンにサラダ油大さじ1を強火で熱し、小松菜の茎の部分を炒める。しんなりしてきたら、葉の部分、Aを加えて炒め合わせる。

> ルウを使って簡単本格的に

カレーサテ

サテはインドネシアなど東南アジアの串焼き料理。
カレールウでスパイシーに味つけしたら、とってもおいし〜！

材料（4人分）

- 鶏もも肉（ひと口大に切る） ……… 1と½枚
- ピーマン（縦4等分に切る） ……… 1個
- プチトマト（へたを取る） ……… 4個
- A
  - カレールウ（中辛） ……… ⅛個（25g）
  - おろしにんにく ……… 小さじ½
  - おろししょうが ……… 小さじ½
- B
  - 白練りごま ……… 大さじ1
  - しょうゆ ……… 小さじ½
  - 砂糖 ……… 大さじ1
- レタス（芯を取る） ……… 1枚
- サラダ油

作り方

1. 耐熱ボウルに水大さじ3、Aを入れて電子レンジで1分加熱する。取り出して完全に溶けるまで混ぜ、少しさめたらBを加え混ぜる。鶏肉を入れてもみ込む。
2. フライパンにサラダ油小さじ1を熱し、弱めの中火で1を焦がさないように焼く。火を止めて肉を竹串に刺す。
3. 2のフライパンにピーマン、プチトマトを加えてサッと火を通して取り出し、竹串に刺す。器にレタスを敷いて、肉、野菜の串を盛る。

> あの乾物で、おいし〜だしが出ます！

残り野菜でトムヤムクン

タイの甘酸っぱくて辛い独特のスープを、
スイートチリソースで簡単に再現！

材料（4人分）

- もやし ……… ½袋
- しいたけ（薄切り） ……… 1個
- 小えび（乾燥） ……… 4g
- A
  - ナンプラー ……… 大さじ3
  - 粉末鶏ガラスープの素 ……… 大さじ1
  - 酢 ……… 大さじ1
  - スイートチリソース ……… 大さじ2
  - レモン汁 ……… 大さじ2
  - 砂糖・しょうゆ ……… 各大さじ½
  - おろししょうが・ごま油 ……… 各少々
- 万能ねぎ（6cm長さに切る） ……… ⅓束
- 塩　こしょう

作り方

鍋に湯4カップ、もやし、しいたけ、小えび、Aを入れて火にかける。沸騰したら塩、こしょう各少々で味をととのえ、万能ねぎを加える。

4品同時に作る手順はこちら〜♪			
ビッグガパオ	具材を切る	ひき肉と野菜を炒めて取り出す	温め直す
カレーサテ	具材を切って肉に下味をつける	肉、野菜の順に焼く	
小松菜の空芯菜風炒め	野菜を切る	炒める	フライパンをあけてガパオの目玉焼きを作る
残り野菜でトムヤムクン	スープを作る		温め直す

できた〜！

お休み前の夜は、ゆっくり楽しめる

金曜日 居酒屋ごはん （6日め）

子どもたちもいっしょに
楽しめるように工夫してます！

家族でメニューを考えましょ！

今日の晩ごはんは
- ★ メガトンステーキ
- ★ カップちらし寿司
- ★ じゃがいもと豚肉の とろとろ煮
- ★ のりチーズ焼き

　金曜日は、お酒好きのダンナが喜ぶ居酒屋風献立が定番。でも、うちの場合は子どももいるから、みんなが自由に楽しめて何でもありのファミレス風居酒屋かな。

　今日は、ビールのおつまみになるのりチーズに、私好みのとろとろ煮、子どもたちには華やかなちらし寿司！　家族の好きなものをずらっと並べて、私とダンナはお疲れさま〜のビールで乾杯！　ゆっくりごはんを楽しもうね！

金曜日 6日め
居酒屋ごはん

いろんなものを食べられるノンジャンルの組み合わせ。どれもサッと作れるものばかりです!

最初に取りかかるのはちらし寿司。ご飯をさます間にとろとろ煮、ステーキを同時進行で作ります。

肉たっぷりでオトコたちも大満足!

メガトンステーキ

豚肉は300gをまとめて焼いて豪華なステーキ風に見せます。野菜もいっぱい摂れちゃうよ!

材料(4人分)

豚こま切れ肉	300g
A 玉ねぎ(すりおろす)	½個
しょうゆ	大さじ2
酢・砂糖・サラダ油	各小さじ1
おろしにんにく	小さじ½
さやいんげん(半分に切る)	8本
大根おろし	上部⅙本分
万能ねぎ	少々
サラダ油　塩　粗びき黒こしょう	

作り方

1. Aは合わせておく。
2. フライパンにサラダ油大さじ½を熱し、豚肉をいためる。肉の色が変わり始めたらAを加えて味をなじませる。肉を取り出してサラダ油小さじ1を足し、さやいんげんをサッと炒める。塩、粗びき黒こしょう各少々で味をととのえる。
3. 器に盛り、軽く水けを絞った大根おろしを肉にのせて万能ねぎを散らす。

溶けたチーズがうま〜

のりチーズ焼き

のりとチーズの香ばしさがたまらない、クセになる味。器に盛るときは手で離してね。

材料(4人分)

のり	全形2枚
ピザ用チーズ	適量
塩	

作り方

のり1枚を6等分にちぎってフライパンに広げ、ピザ用チーズをのせ、塩ひとつまみをふる。弱めの中火で焼き、チーズが溶けたら火を止める。残りも同様に作る。

> 根菜ミックスがお寿司の具に！

カップちらし寿司

100均のロックグラスに入れるとパーティ風で子どもも大喜び！

根菜ミックス 1/3量

材料（4人分）

根菜ミックス（作り方P13）
　　　　　　　　　　1/3量（約350g）
A ┃ 酢　　　　　　　大さじ4
　 ┃ 砂糖　　　　　　大さじ2と1/2
　 ┃ 塩　　　　　　　小さじ1/2
　 ┃ しょうゆ　　　　大さじ1/2
温かいご飯　　　　茶碗4杯分（600g）
卵　　　　　　　　　　　　　3個
プチトマト（へたを取り4等分に切る）
　　　　　　　　　　　　　　2個
刻みのり　　　　　　　　　適量
サラダ油　砂糖

作り方

1. 根菜ミックスはみじん切りにして手でしっかり水けを絞る。ボウルに入れて**A**、ご飯を順に加えて混ぜ合わせ、しばらくさます。
2. 錦糸卵を作る。ボウルに卵を割りほぐし、砂糖大さじ1と1/2を加えて混ぜる。
3. フライパンにサラダ油小さじ1を熱し、**2**の卵液を半量流し入れて弱火で焼く。端が乾いてきたら裏返してサッと焼き、取り出す。さめたら細く切る。残りも同様に焼く。
4. プラスチックカップに**1**を均等に盛り、錦糸卵、プチトマト、刻みのりを飾る。

> 煮込まなくても味がからみます

じゃがいもと豚肉のとろとろ煮

豚肉に片栗粉をもみ込むと、とろける食感でおいし〜！

材料（4人分）

豚こま切れ肉　　　　　　100g
じゃがいも（4等分に切る）　2個
玉ねぎ（1cm幅に切る）　　　1/2個
A ┃ 和風顆粒だしの素
　 ┃ 　　　　　　　　小さじ1
　 ┃ 砂糖　　　　　　大さじ1
　 ┃ しょうゆ　　　　小さじ2
　 ┃ みりん　　　　　大さじ1/2
塩　酒　片栗粉　サラダ油

作り方

1. 豚肉は塩少々、酒・片栗粉各小さじ1をもみ込む。
2. 鍋にサラダ油大さじ1/2を熱し、**1**の豚肉、じゃがいも、玉ねぎの順に炒める。
3. 肉の色が変わったら水1カップ、**A**を加える。少しずらしてふたをし、ときどき混ぜながら弱めの中火で10分ほど煮る。ふたを取り、汁けがほとんどなくなるまで煮る。

4品同時に作る手順はこちら〜♪

メガトンステーキ	たれを作る → 肉を焼く →
カップちらし寿司	寿司めしを作って仕上げる →
じゃがいもと豚肉のとろとろ煮	具材を切る → 煮る →
のりチーズ焼き	具材を準備 → 焼く →

できた〜！

土曜日
7日め 在庫一掃ごはん

1週間の最後は、おいしく食べき

今週もがんばったな〜。
おいしく食べ尽くすぞ〜！

残り食材を
る工夫を考えます！

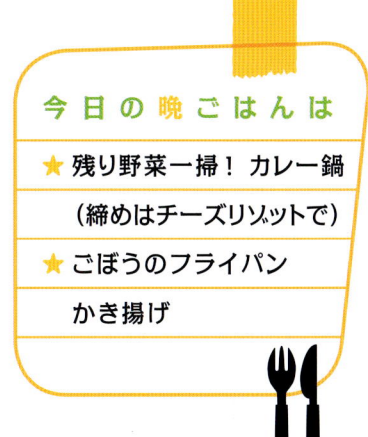

> **今日の晩ごはんは**
> ★ 残り野菜一掃！カレー鍋
> （締めはチーズリゾットで）
> ★ ごぼうのフライパン
> 　かき揚げ

　1週間分まとめ買いした食材も、残りわずか。全部使いきりたいから、最終日は子どもたちが好きなカレー鍋で食べ尽くそう〜！

　カレー鍋はどんな材料を入れてもおいしく豪華になるし、つゆはカレールウをめんつゆで薄めるだけ。在庫一掃したい日には最高です。残っていたごぼうは、箸休めのかき揚げに。残りものでも、これだけボリュームがあれば家族も不満ナシ。おなかいっぱい食べてね！

カレー鍋の締めは洋風チーズリゾット。こってり×とろ〜りでめちゃおいし〜！

土曜日 (7日め) 在庫一掃ごはん

残りもの感がなく、豪華に見えるメニューで、肉も野菜も使いきります！

鍋とかき揚げの下ごしらえは同時進行。つゆを温めている間に揚げて、でき上がるタイミングを合わせて。

子どもも大人も大好きな味つけ！

残り野菜一掃！カレー鍋

カレールウを溶かすとスープが濃く感じるけど、野菜の水分で、食べるころにはちょうどいい濃度に。とろみが強いときは水で調整。

材料（4人分）
- A
  - カレールウ……140g
  - 砂糖……大さじ1
  - めんつゆ（3倍濃縮）……90cc
- 鶏もも肉（ひと口大に切る）……1枚
- ソーセージ……4本
- キャベツ（ざく切り）……¼個
- にんじん（短冊切り）……⅙本
- 長ねぎ（斜め切り）……1本
- 大根（3mm厚さのいちょう切り）……⅙本
- プチトマト（へたを取る）……4個
- 万能ねぎ（5cm長さに切る）……⅓束

作り方
1. 土鍋に水7カップを入れて火にかけ、沸騰したらAを加えて溶かす。
2. 具材を入れて（プチトマト、万能ねぎは最後に）煮込み、火が通ったら順にいただく。

少ない油で揚げ焼きしましょ！

ごぼうのフライパンかき揚げ

かき揚げの生地は、酢を入れるのがコツ。カリカリの食感になります。ごぼうがなければにんじんで作っても。

材料（4人分）

ごぼう（ささがき）		1本
小えび（乾燥）		大さじ3
A	小麦粉	大さじ8
	酢	小さじ1
	和風顆粒だしの素・塩	各小さじ½
サラダ油		

作り方

1. ボウルに**A**、水大さじ3を混ぜてころもを作り、ごぼう、小えびを加えて混ぜる（粉っぽさが残るくらいでよい）。
2. フライパンにサラダ油大さじ3を熱し、**1**を4等分に落として広げ、弱めの中火で3〜4分ほど揚げ焼く。両面がカリッと焼けたら取り出して油をきる。

汁までおいしく食べ尽くそう〜

締めのチーズリゾット

残った鍋に入れて煮込むだけ。
翌日の朝やランチに食べてもいいね！

材料（4人分）

ご飯	茶碗2杯分
ピザ用チーズ	適量

作り方

具を少し残した鍋にご飯を加え、火にかける。温まったらピザ用チーズを加えて、溶けたら火を止める。

2品同時に作る手順はこちら〜♪

| 残り野菜一掃！カレー鍋 | 具材を切る → 鍋つゆを作る → 具材を入れて煮る → |
| ごぼうのフライパンかき揚げ | 具材を切る → 揚げる → |

できた〜！

5つの作りおきで アレンジおかず

肉と野菜の便利なパックで「早い!」「簡単!」 P13で紹介した

1週間献立で使い回した作りおきは、アレンジが自在。いろいろな料理に応用してマンネリを防ぎます。材料が安いときにまとめて買って、冷蔵庫にストックしておくと役立ちますよ！

じゃがいもマッシュで

ポテト ミートグラタン

つぶしたじゃがいもを敷いて、市販のミートソースをのせるだけ。家族が大好きなメニューです。

材料(4人分)

じゃがいもマッシュ	全量(約400g)
バター	20g
牛乳	120cc
市販のミートソース缶	1缶
ピザ用チーズ	適量
塩　こしょう	

作り方

1. じゃがいもマッシュは耐熱容器に入れて電子レンジで温め、熱いうちにバターを加える。牛乳を少しずつ加えながらなめらかになるまで混ぜ、塩小さじ¼、こしょう少々で調味する。
2. 耐熱容器に1を敷きつめ、ミートソース缶、ピザ用チーズの順にのせる。230℃のオーブンで13〜15分焼く(トースターの場合は表面に焼き色をつける)。

缶詰利用で 手早くごちそう!

簡単合わせだれで
激うま！ 時短！

手軽に野菜が
たっぷり摂れる！

回鍋肉（ホイコーロー）
野菜ミックスで

カット野菜をそのまま入れて、肉を炒め合わせるだけ。
面倒な野菜の切りものがないから、とっても早い！

材料（4人分）
- 野菜ミックス（洗う） ½量（約225g）
- 豚こま切れ肉 200g
- A
  - 塩 ひとつまみ
  - 酒・ごま油 各小さじ½
  - 片栗粉 大さじ1
- おろしにんにく 小さじ½
- B
  - しょうゆ 大さじ1
  - 甜麺醤 小さじ2
  - 砂糖 小さじ1
  - 粉末鶏ガラスープの素 小さじ½
- サラダ油

作り方
1. ボウルに豚肉、Aを入れてもみ込む。
2. フライパンにサラダ油大さじ1を熱し、1を炒める。肉に焼き色がついたら、野菜ミックス、おろしにんにくを加えて強火で炒める。野菜がしんなりしてきたらBを加えて炒め合わせる。

マーボー根菜丼
根菜ミックスで

根菜ミックスはやわらかく煮えているので、最後に加えればOK。すぐできるから、お昼ごはんにもおすすめ！

材料（4人分）
- 豚ひき肉 200g
- 根菜ミックス（ざっくり切る） ⅓量（約350g）
- 温かいご飯 丼4杯分
- A
  - おろしにんにく 小さじ½
  - おろししょうが 小さじ½
  - しょうゆ 大さじ1と½
  - オイスターソース 小さじ2
  - 砂糖 小さじ2
  - 粉末鶏ガラスープの素 小さじ1
  - 片栗粉 大さじ2
- ごま油

作り方
1. フライパンにごま油小さじ1を熱し、ひき肉を炒める。Aは水1と½カップとよく混ぜ合わせておく。
2. 肉の色が変わったら、汁けをきった根菜ミックス、1の調味料を加え、混ぜながら煮る。火を止めて器に盛ったご飯にのせる。

> 5つの作りおきで
> アレンジおかず

もう味がついてるから、
めちゃラク〜

豚丼の具で

肉豆腐

味がついている肉といっしょに
豆腐を煮るだけ。
10分かからずにメインおかずが
できるなんて、うれしすぎる〜！

材料（4人分）

豚丼の具（冷凍した場合は使う分だけ解凍する）
.... 1/3量（約260ｇ）
木綿豆腐（6等分に切る）................ 1丁
さやいんげん（塩ゆでして半分に切る）........ 4本
しょうゆ

作り方

鍋に豚丼の具、豆腐、水3/4カップ、しょうゆ小さじ1を入れ、ふたをして中火で6分ほど煮る。器に盛り、さやいんげんを添える。

豚丼の具で

豚玉丼

豚丼の具を卵でとじたら、
味つけいらずの超スピード丼完成。
ラクチンだから、
お昼ごはんにもおすすめ〜！

材料（2人分）

豚丼の具（冷凍した場合は使う分だけ解凍する）
.... 1/3量（約260ｇ）
卵 2個
温かいご飯 丼2杯分
万能ねぎ（小口切り）..................... 少々

作り方

フライパンに豚丼の具、水1/4カップを入れて火にかける。煮立ったら溶いた卵を加えて箸で少し混ぜ、半熟状で火を止める。ご飯にのせ、万能ねぎをふる。

何もしたくない
ときはコレ！

ピーマンの肉詰め

[万能ひき肉だねで] ピーマン嫌いでも食べられる！

横に切ったピーマンに肉だねを詰めて焼くだけ。
ハンバーグ風ソースで味つけすると子どももよく食べる！

材料(4人分)
万能ひき肉だね(冷凍した場合は使う分だけ解凍する)
………………………………………… 1/3量(約260g)
- A
  - パン粉 ………………………… 大さじ3
  - 卵 ……………………………… 1個
  - マヨネーズ …………………… 小さじ2
- ピーマン(横に3等分に切って種を取る) … 6個
- B
  - ケチャップ …………………… 大さじ3
  - 中濃ソース …………………… 大さじ4
- サラダ油　小麦粉

作り方
1. ボウルにひき肉だね、**A**を入れてよく練り混ぜる。ピーマンは内側に小麦粉適量をまぶし、ひき肉だねをたっぷり(はみ出すくらい)詰める。
2. フライパンにサラダ油大さじ1/2を熱し、**1**を焼く。両面に焼き色がついたら水1/4カップを加え、ふたをして蒸し焼く。
3. 水分がほとんどなくなったらいったん取り出し、ペーパータオルで油を拭いて**B**、水大さじ2を入れて煮つめる。とろりとしてきたら肉詰めを戻し、肉にたれをからめる。

肉だんごのトマト煮

[万能ひき肉だねで] 立派なメインおかずになります

子どもはトマト味が大好きだから、これを作るとすぐなくなっちゃう。だんごは大きめに丸めるといいよ～！

材料(4人分)
万能ひき肉だね(冷凍した場合は使う分だけ解凍する)
………………………………………… 2/3量(約520g)
- A
  - パン粉 ………………………… 大さじ4
  - 卵 ……………………………… 1個
  - マヨネーズ …………………… 大さじ1
- トマト缶 ………………………… 1缶
- B
  - おろしにんにく ……………… 小さじ1
  - 顆粒コンソメの素 …………… 小さじ1
  - 酒 ……………………………… 大さじ1
  - 砂糖 …………………………… 大さじ1/2
  - ケチャップ …………………… 大さじ2
- 塩　こしょう　サラダ油

作り方
1. ボウルにひき肉だね、塩、こしょう各少々を入れて混ぜる。**A**を加えてさらに練り混ぜ、16等分して丸める。
2. フライパンにサラダ油大さじ2を熱し、**1**を転がしながら全体に焼き色をつける。
3. **2**にトマト缶、**B**を加え、ときどき混ぜながら中火で煮立てる。ふつふつしてきたらふたをし、弱めの中火で汁けが少なくなるまでときどき混ぜながら煮つめる。器に盛り、あればパセリのみじん切り(分量外)をふる。

これをかけるだけで激うまです！

おうちでカンタン！ たれ&ドレッシング

サクサクやみつきだれ

市販の「フライドオニオン」「フライドガーリック」がポイント。やみつき〜な味になるよ！

材料（1回分）
- フライドオニオン（市販・手で砕く）……1袋（12g）
- フライドガーリック（市販・手で砕く）……1袋（10g）
- しょうゆ……大さじ1
- 砂糖……小さじ2
- 粉末鶏ガラスープの素……小さじ¼
- サラダ油・ごま油……各大さじ2

作り方
ボウルにフライドオニオン、フライドガーリック、油、調味料の順に入れて混ぜ合わせる。

こんなアレンジに！
豆乳鍋などあっさりした料理のトッピングにするとパンチが出てgood。から揚げにつけてもおいし〜。

和風オニオンドレッシング

おろし玉ねぎで濃厚なうまみをプラス。玉ねぎは混ぜる前にチンして辛みをとばしてね。

材料（1回分）
- 玉ねぎ（すりおろす）……¼個
- しょうゆ・酢……各大さじ2
- 砂糖……大さじ1
- 塩・粗びき黒こしょう……各ひとつまみ
- 顆粒コンソメの素……小さじ¼
- サラダ油……大さじ3

作り方
玉ねぎとサラダ油を耐熱ボウルに合わせ、ラップをせずに電子レンジで2分加熱。取り出して残りの材料をすべて加えて混ぜる。冷蔵庫で冷やす。

こんなアレンジに！
サラダのほか、かつお、サーモンなど刺身のたれにするのもおすすめ。

食べるオリーブ油

食べるラー油の次にくるのはコレ！ うまみとコクがあるのに、さっぱりして食べやすい！

材料（1回分）
- ベーコン（みじん切り）……2枚（30g）
- 玉ねぎ（みじん切り）……¼個
- おろしにんにく……小さじ1
- A
  - 酢……大さじ3
  - 砂糖……大さじ1
  - しょうゆ……小さじ2
  - 塩……小さじ⅔
- オリーブ油・サラダ油……各大さじ2

作り方
フライパンにサラダ油、オリーブ油を熱し、ベーコン、玉ねぎ、おろしにんにくを入れて弱火で炒める。玉ねぎがしんなりしたら器に移し、Aを加えて混ぜる。

こんなアレンジに！
蒸ししゃぶの上にかけたり、塩ラーメンにのせてイタリアンにアレンジするのもいける！

いろんな味を試したいけど、お金は節約したい…。それならやっぱり手作り！
お店で人気のあの味も、家にある調味料で簡単に作れるから、ぜひ試してみてね～！

しそドレッシング

さっぱりしているから
肉も野菜もどんどん
食べられちゃう。
夏にもおすすめ！

材料（1回分）

大葉（みじん切り）	5枚
しょうゆ	大さじ2
酢	大さじ1と½
砂糖・サラダ油	小さじ2
昆布だしの素	小さじ¼

作り方

ボウルにすべての材料を入れて混ぜ合わせる。

こんなアレンジに！

海藻や大根、トマトなどシンプルなサラダにかけたり、蒸し鶏や豚しゃぶなど肉おかずにかけても。

塩だれドレッシング

市販品がおいしかったので
味が近づくように
作ってみました。
肉と相性バツグンです！

材料（1回分）

玉ねぎ（みじん切り）	¼個
長ねぎ（みじん切り）	5cm分

A:
レモン汁	小さじ½
砂糖	小さじ¼
粉末鶏ガラスープの素	小さじ¼
塩	ふたつまみ
こしょう	少々
ごま油	大さじ2
サラダ油	大さじ1

作り方

耐熱ボウルに玉ねぎを入れ、ラップをせずに電子レンジで1分30秒加熱。取り出して長ねぎとAを加え、混ぜ合わせる。冷蔵庫で冷やす。

こんなアレンジに！

焼肉などのつけだれとして使うのがおすすめ。刻んだキャベツにかけてもめちゃうま！

マリネドレッシング

さっぱり味で食べたいときは
このマリネ液に漬けて。
もちろんドレッシングとして
使ってもOK。

材料（1回分）

酢	大さじ2
砂糖	小さじ2
塩	少々
顆粒コンソメの素	小さじ½
粗びき黒こしょう	少々
オリーブ油	大さじ1

作り方

ボウルにすべての材料を入れて混ぜ合わせる。

こんなアレンジに！

切り込みを入れたミニトマト、水にさらした玉ねぎを漬けたり、キャベツやシーフードにそのままかけても。

わが家のおもしろイベント！

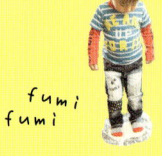

子どもと作る楽しいごはん＆おやつ

yoisho!
fumi fumi

今日はパン作り。
総菜パンからおやつパンまでいろいろだよ～！

手作りパンなんて難しそうって思うでしょ？ ところが、やってみるとすごく簡単。基本の生地を覚えればいろんなパンが楽しめるから、朝食やおやつ用によく作るようになりました。子どもたちのお楽しみは成形。自由に作らせると、いろんな形のパンが焼けておもしろいですよ！

ずっとふわふわ～
万能パン

お店で売ってるテーブルパンを、簡単に作れるように考えました。ベタつかない生地だから、子どもにも扱いやすいですよ！

材料（大4個分）

〈生地〉

強力粉	300g
塩	2g
砂糖	18g
バター（常温でやわらかくなるまでおく）	15g
ドライイースト	9g
ぬるま湯	180cc

最近、わが家は粉ものブーム!! 理由は、安くておいしくて、子どもといっしょに作れるから。子どもってね、挑戦させるとすごく熱心。ひとつのことをやり通す経験って、生活面でも役に立つんだけど、基本は楽しむことがいちばん。粉だらけになって遊ぶのも、たまにはいいよね！

> それではいってみよ～！

1 こねこねするよ～！

ボウルに強力粉、バター、塩、砂糖、ドライイーストを順に入れ、イーストにかかるようにぬるま湯を加える。

粉がしっかり混ざり、生地がなめらかになるまで手でこねて丸める。ラップをかけ、15～20分（冬は25～30分）ほど室温におく（一次発酵）。

> ゆっくりゆっくりね。下のお粉さんも入れてあげて！

2 やさーしく丸めてね

1の生地が2倍にふくらんだら（指で押して戻らなければOK）、打ち粉をしたまな板に取り出す。

軽く押さえてガスを抜き、4等分（小さく作りたいときは8等分）に切って丸める（生地を下に折り込むように丸めると表面がきれいに焼ける）。

> いろんな形作っちゃおか！

3 生地をやすませるよ

クッキングシートを敷いた天板に **2** をのせ、10〜15分（冬は25〜30分）おく（二次発酵）。オーブンは200℃に予熱しておく。

4 卵液を塗って焼きま〜す！

生地の表面に張りが出てきたら、上に十字の切れ目を入れる。ハケで溶き卵（分量外）を全体に塗り、オーブンで10〜12分焼く。

☆トースターで焼く場合、生地を6〜8等分にして、1000Wで10分焼く。5分焼いて焼き色がついたら、残り5分はアルミホイルをかぶせて焼く。

僕のパン、できた〜！

絶対に失敗しない
レンジで絶品！カスタードクリーム

電子レンジでじょうずに作るコツは、牛乳を少しずつ加えて混ぜること、加熱している途中、何度か取り出して混ぜること。このふたつを守ればとってもなめらか！

材料（作りやすい分量）

薄力粉	大さじ4
砂糖	大さじ6
牛乳	1と½カップ
卵黄	3個分
バニラエッセンス	8〜9滴
バター	15g

作り方

耐熱ボウルに薄力粉、砂糖を入れて泡立て器でよく混ぜ、牛乳を少しずつ加えて混ぜる。残りの材料を加え、電子レンジで5分加熱。途中で2〜3回取り出して、なめらかに混ぜる。

パンいろいろ！ バリエーション

同じ生地でトッピングしたり、具をはさんでもOK。おかずパンから菓子パンまで好みでどうぞ！

ソーセージパン

作り方2で生地を6等分にし、生地を長さ30cm程度の棒状にのばして棒つきソーセージに斜めにゆるく巻きつける。作り方3のあと、溶き卵を塗ってピザ用チーズをのせて焼き、焼き上がり後に刻んだパセリをふる。

メンチカツバーガー

作り方2で生地を8等分にする。作り方3のあと、溶き卵を塗ったらすぐに白いりごまをふって焼く。焼き上がり後に横半分に切ってせん切りキャベツ、メンチカツ（市販）をはさみ、ソースをかける。

ピザ

作り方2で生地を2等分にし、20×15cm程度に四角くのばす。ピザソース（ケチャップ大さじ5、しょうゆ・酢各大さじ1）、ピザ用チーズ、コーン、マヨネーズの順にのせ、三角に切る。作り方3のあと、オーブンで焼く。

クリームパン

作り方2で生地を4等分にし、直径17cm程度にのばす。さましたカスタードクリーム（作り方P50）をはさんで端を2cmほど折り返してとじ、とじ目に切り込みを3か所入れる。作り方3のあと、溶き卵を塗ってオーブンで焼く。

皮を焼いてみんなでワイワイ食べよ～！
タコスパーティ

好きな具をはさんで食べるタコスは、日本でいえば手巻き寿司感覚。トルティーヤもホットプレートで手軽に焼けるので、おうちでタコスパーティが簡単に開けちゃうんです。子どもたちは生地作りに参加して、丸くのばす作業に熱中。ちょっといびつな形もまた味わいだね！

koro koro

発酵なしでラクチン！
簡単トルティーヤ

焼きながら食べられるのが楽しい！
具が包みやすくやわらかい生地がポイントです。残った皮は乾かないようにラップしてね。

材料（直径17cm 8枚分）

〈生地〉

強力粉	300g
ベーキングパウダー	大さじ1
塩	小さじ¼
水	180cc
サラダ油	大さじ1と½

グ～！

それでは
いってみよ〜!

1 まず粉をこねるよ〜

ボウルに強力粉、ベーキングパウダー、塩、サラダ油を入れ、水を加えて手でなめらかになるまでこねる。丸めてラップをかけ、そのまま5分ほどおく。

水、入れるよ〜

2 生地をのばしま〜す

生地を8等分に切る。

まな板に打ち粉をしてめん棒で丸くのばす(直径17cmくらい)。

丸くないけど…

3 焼いて食べよっ!

ホットプレートにサラダ油(分量外)を薄くひいて200℃に温め、**2**を1分30秒ほど焼き、裏返してサッと焼く。残りも同様に焼き、お好みの具、レタス・チーズ(ともに適量・分量外)をはさむ。

お好みの具をはさんでね

野菜、ディップ、肉と3つあれば豪華!サルサソースは子ども向けに辛くしていないけど、好みでタバスコで調整して。

辛くない! サルサソース

材料(4人分)

トマト(粗みじん切り)	大1個
玉ねぎ(みじん切り)	¼個
A 酢	大さじ2
砂糖	小さじ1
顆粒コンソメの素	少々
オリーブ油	大さじ½
塩・こしょう	各少々

作り方

ボウルに**A**を合わせ、トマト、玉ねぎを加えて混ぜる。

豚肉のスパイス炒め

材料(4人分)

豚こま切れ肉(1cm幅に切る)	500g
A ケチャップ	大さじ4
中濃ソース	大さじ1と½
おろしにんにく	小さじ¼
顆粒コンソメの素	小さじ¼
塩・こしょう・チリペッパー	各少々
サラダ油	

作り方

フライパンにサラダ油大さじ½を熱し、豚肉を炒める。肉の色が変わったら**A**を加えて調味する。

アボカドディップ

材料(4人分)

アボカド(種を取ってつぶす)	1個
マヨネーズ	大さじ2
酢	大さじ½
砂糖	小さじ½
レモン汁・塩・こしょう	各少々

作り方

すべての材料をボウルに入れて混ぜ合わせる。

大好きな生クリームとフルーツたっぷり。
クレープ屋さん、開店で〜す！

「今日はクレープ作るよ〜」って言った瞬間、子どもたちは大喜び！　れんちびは粉混ぜ係、はる兄はデコレーション係、ママは生地焼き係。連結プレーで作ってみよ〜！　生地は、ホットプレートで焼くと簡単。くるくる巻いてポップな紙で包むと、お店っぽいスタイルで楽しめるよ。

おいしくな〜れ！
おいしくな〜れ！

mogu mogu

扱いやすい生地だよ！
お店みたいなクレープ

ホイップクリームをたっぷりのせて、
いちごやバナナをトッピング。
転がすように巻くとうまくいくよ！

材料（6枚分）

〈生地〉

薄力粉	100g
砂糖	大さじ2
卵	2個
牛乳	1カップ

〈具材〉

A	生クリーム	1パック
	砂糖	大さじ1と½
いちご		½パック
バナナ		1本
市販のチョコレートソース		適量
アーモンドスライス		適量
サラダ油		適量

*それでは
いってみよ〜！*

じょうずにできるかなー

1 具を用意しましょ

Aはハンドミキサーでかために泡立てて、絞り袋に入れて冷蔵庫で冷やす。バナナは縦半分、斜め薄切り、いちごはへたを取り、縦8等分に切る。

2 粉を溶きま〜す

ボウルに薄力粉、砂糖を入れて泡立て器でよく混ぜ、牛乳を少しずつ加えて混ぜる。溶いた卵を加えてよく混ぜ合わせる。

れん、がんばって！

4 巻き巻きしてみよ〜

生地に生クリームをTの字に2回書き、いちご、バナナなど好みのフルーツをのせる。チョコレートソースをかけ、アーモンドスライスをのせて半分に折る。端から転がして円錐形に丸める。

3 焼きますよ〜！

ホットプレートを200℃に温め、サラダ油小さじ½を熱する。1の生地をお玉1杯ほど流し、お玉の底で直径約25cm程度に丸く広げる。生地が焼けたら皿などに取り出す。

ikuzo!

くるん☆

お昼ごはんは**うどん**だよ〜！
四国に行った気分で、作ってみよ〜

去年の夏、初めて手打ちうどんに挑戦したら、そのおいしさに感動！手間も時間もかかるけど、レジャーのひとつとして作ると、イベント気分で楽しめますよ。子どもたちに手伝ってもらうのは、こね作業。足でよ〜く踏んでねかせると、弾力があってもっちり仕上がります。

devo〜n

手作りってサイコー！
しこしこうどん

そば屋の叔父に聞いて、失敗しない作り方を教えてもらいました。冷凍するときは粉をたっぷりまぶして。

材料（4人分）

〈生地〉
強力粉	200g
薄力粉	200g
塩	大さじ1と½（冬は大さじ1）
水	160cc（冬は180cc）

〈薬味〉
大葉（せん切り）	5枚
白いりごま	適量
刻みのり	適量
万能ねぎ（小口切り）	¼束
天かす	適量
山いも（すりおろす）	適量

それでは
いってみよ～!

はる兄、
がんばれ～!

yo～shi!

1 粉をこねるよ～

ボウルに強力粉、薄力粉を入れる。水に塩をよく溶かして少しずつ加え、手で5分ほど混ぜる。

粉けがなくなったらひとまとめにする。

4 生地をのばして～

打ち粉をした台に生地を取り出し、2等分する。めん棒に生地を巻きながら、体重をかけて一気にのばし、四角く(30×40cm、厚さ3mm程度)に広げる。残りも同様に。

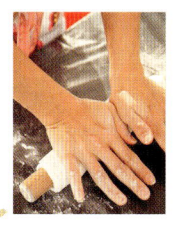

2 ゆっくり待ちましょ

1の生地を大きなビニール袋に入れて口を結び、常温で2時間ほどおく。

5 切ってできた～!

両面にたっぷり打ち粉をし、長辺を3つ折りして端から3mm幅に切る。残りも同様に作り、1人分(150～170g)に分けて打ち粉をしてほぐす。

6 食べるぞ～!!!

沸騰した湯にうどんを2玉入れ、10分ほどゆでる。ざるにあげて水洗いし、残りも同様にゆでる。器に盛って薬味、めんつゆを添える。

3 踏み踏みしま～す

熟成させた生地をビニール袋の上から足で踏む。生地が広がったら手で折ってたたみ、また踏む、を20分ほど繰り返す。

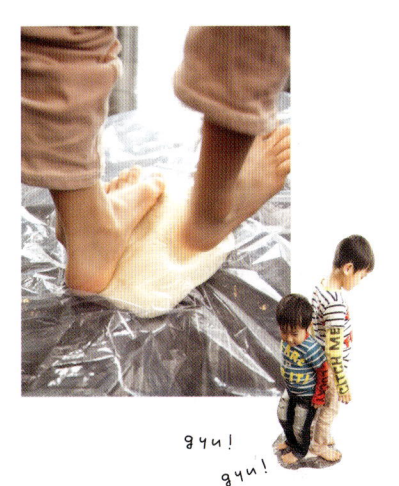

gyu!
gyu!

温かくしてもおいしい

基本の作り方はざるうどん用だけど、ぶっかけにしてもOK。温かくして食べるときは、ゆで時間を少し短めにするのがコツ。カレーや揚など自由にアレンジして。

今日は誕生日パーティ。
手作りケーキでびっくりさせようね!

ふだん、お菓子はあまり作らないけど、記念日のケーキは特別。驚くほどおいしい生地で、生クリームもたっぷり、豪華に作っちゃいます。子どもには、いちばん楽しいデコレーションを任せると大盛り上がり。今回のパパの誕生日ケーキもすごくじょうずにできたね!

waku waku

軽くていくらでもいけちゃう!
ふかふかデコレーションケーキ

シフォンケーキを応用したスポンジなので、信じられないくらいやわらかくておいし〜!!
何度も試した自信作なので、作ってみてね。

材料(直径18cmの型1台分)

〈生地〉
薄力粉	70g
冷たい卵(L玉・卵黄と卵白に分ける)	3個
サラダ油	大さじ2
バニラエッセンス	6〜7滴
砂糖(30gずつに分ける)	60g
ベーキングパウダー	3g
水	大さじ3

〈デコレーション〉
生クリーム	2パック
いちご(へたを取り、6個は半分に切る。3個はスライス)	15個

peta peta

それでは
いってみよ〜！

1 型と粉を用意します

クッキングシートは型に合わせて切っておく（底と側面用。底は型の直径より1cmほど大きめに切る）。小麦粉、ベーキングパウダーは合わせてふるっておく。

2 生地を混ぜ始めるよ〜

ボウルに卵黄を入れて、泡立て器で混ぜ、砂糖30g、サラダ油、水、バニラエッセンスの順に加えてすり混ぜる。**1**の粉類を少しずつ加えながら、とろりとするまでさっくりと混ぜる。オーブンは170℃に予熱する。

3 メレンゲを泡立てま〜す

別のボウルに卵白を入れ、ハンドミキサーで泡立てる。ふんわりしてきたら、残りの砂糖を2回に分けて加えて、つのが軽くおじぎをするくらいのかたさに泡立てる（泡立てすぎに注意）。

4 さっくり混ぜるよ〜

2に**3**のメレンゲ¼量を入れてさっくり混ぜたら、残りのメレンゲを2回に分けて加える。その都度泡立て器で生地の上部と軽くなじませてから、下からさっくりすくい混ぜる。ボウルに残ったメレンゲはゴムべらですくい、きるように混ぜる。

5 いよいよ焼くぞ〜！

型に生地を散らすように流し、軽く左右にふって均等になじませる。竹串で円を5回描いて空気を抜き、オーブンの下段で40分焼く（30分たったらアルミホイルをかぶせる）。焼けたら20cmの高さから3回ほど落として空気を抜き、1時間ほど型に入れたままさましてはずす。

亀裂ができてもさめれば落ち着くよ〜

ふわふわ〜

6 生クリームを泡立てて〜

ボウルに生クリーム1パックを入れ、ハンドミキサーで泡立てる。8分立てまで泡立てたら砂糖大さじ1と½を加えて混ぜる。残りの生クリーム1パックは別のボウルで9分立てに泡立てる。砂糖大さじ1と½を加えて混ぜ、絞り袋に移す。

7 デコレーションしよ！

5の生地を横半分に切り、下の生地に8分立てのクリームを塗る。半分に切ったいちごをのせて上の生地をのせ、ケーキ全体に生クリームを塗る。9分立てのクリームを絞り、いちご6粒をのせて間にスライスしたいちごを飾る。

毎日役立つ
しかも **めちゃうま!**

家族が喜ぶ
人気の おかず

ブログではたくさんの方が私の料理を見てくれますが、毎日味をジャッジするのはダンナと子どもたち。おいしくないと本当に食べてくれないから、定番、外食風、麺など、いつも目先を変えて作るようにしています。そんな厳しい審査？を経て、ほめられたおかずを一挙にご紹介！　簡単さとおいしさをとことん追求した味、ぜひ作ってみてね！

フライパンひとつで超☆豪華!

焼く、蒸す、揚げる、どんな調理法もおまかせのフライパンは、まさに魔法の鍋。大きく作ればボリュームも満点! 食卓が一気に華やぐこと間違いなしです!

材料(2個分)

- 豚こま切れ肉 …… 400g
- A
  - 塩 …… 小さじ¼
  - こしょう …… 適量
  - 片栗粉 …… 大さじ2
- 玉ねぎ(薄切り) …… 1個
- B
  - しょうゆ …… 大さじ2
  - 砂糖 …… 大さじ1と½
  - 顆粒コンソメの素 …… 小さじ¼
  - おろしにんにく …… 小さじ¼
  - オリーブ油 …… 大さじ1
- コーン缶(水けをきる) …… 小1缶(160g)
- さやいんげん(塩ゆでして半分に切る) …… 8本
- サラダ油

作り方

1. ボウルに豚肉、Aを入れてもみ込み、2等分にして小判形ステーキの形にまとめる。
2. フライパンにサラダ油小さじ1を熱し、1の肉を強火で焼く(触らずにしっかり焼き固める)。両面に焼き目がついたら、ふたをして弱めの中火で10分ほど焼いていったん取り出す(焦げそうになったら数回ひっくり返す)。
3. 2のフライパンにサラダ油大さじ1を足し、玉ねぎを入れる。ふたをして弱めの中火で蒸し炒めし、しんなりしたらBを加えてサッと火を通す。2の肉を戻してからめる。
4. 器に肉を盛り、玉ねぎをのせる。コーン、さやいんげんを添える。

肉好き男子が泣いて喜びます〜

豚こま肉で満腹ステーキ

厚切り肉は買えなくても、豚こま肉を固めて焼けばまるでステーキ!
崩れないように、焼き目がつくまで動かさないでね。

ソースで煮込むので失敗なし！

材料（4人分）

豚ひき肉		400g
玉ねぎ（みじん切り）		1個
A	卵	1個
	パン粉	大さじ4
	マヨネーズ	大さじ1
	ナツメグ・オールスパイス（あれば）	各3ふり
	塩	小さじ½
じゃがいも（皮ごと・くし形に切る）		1個
にんじん（1cm厚さの輪切り）		1本
ブロッコリー（小房に分ける）		½株
B	ケチャップ	大さじ5
	中濃ソース	大さじ2
	酒・顆粒コンソメの素	各大さじ1
	砂糖	大さじ½
	デミグラスソース缶	1缶（約300g）
しめじ（石づきを落としてほぐす）		½パック
バター		15g
サラダ油		

作り方

1. ボウルにひき肉、玉ねぎ、**A**を加えてよく混ぜる。4等分して成形する。じゃがいも、にんじんはそれぞれラップをし電子レンジで2分、ブロッコリーは1分半加熱する。
2. フライパンにサラダ油小さじ1を熱し、**1**のハンバーグだねを並べて両面を強火で焼く。焼き色がついたら、**B**、水1カップを混ぜて加え、**1**のじゃがいも、にんじん、しめじを順に入れて、煮立ったら弱めの中火で10分ほど煮る（焦げないようにときどきソースを混ぜる）。
3. ブロッコリー、バターを加えて強火にし、軽くとろみがつくまで煮つめる。

デミグラ煮込みハンバーグ

4人分のハンバーグを煮込んでフライパンごと出せば、超ゴージャス！　野菜は先にチンすれば煮込み時間短めで大丈夫。

フライパンひとつで
超☆豪華！

ローストビーフ

安い牛もも肉とは思えない、本格的なごちそうメニュー。室温におく時間が長すぎるとドリップが出るので、時間に注意して。

材料（4人分）

牛ももブロック肉（4cm厚さ）	約500g
玉ねぎ（みじん切り）	1個
A しょうゆ	大さじ6
砂糖	大さじ3
昆布だしの素	小さじ¼
おろしにんにく	小さじ½
粗びきこしょう	少々
サラダ油	大さじ2
ミックスリーフ	適量
塩　こしょう	

〈マッシュポテト〉
材料、下ごしらえはP13。調理はP25参照。

作り方

1 牛肉は冷蔵庫から出し、常温に3時間ほどおく（串を刺して冷たくなくなるまで。おきすぎるとドリップが出るので注意。夏場は1時間ほど）。塩小さじ½、こしょう小さじ¼を全面にまぶしてすり込む。

2 フライパンに1を入れ、強火で全面を3分ほど焼き目がつくまで焼く（煙が出てきたら、ときどきフライパンを火から離す）。

3 全体に焼き色がついたら弱火にし、ふたをして3分、ひっくり返して2分蒸し焼く。取り出してすぐにアルミホイルに包み、室温に30分おく。

4 耐熱ボウルに玉ねぎを入れ、ラップをせずに電子レンジで3分加熱する。取り出してAを加え、混ぜ合わせる。

5 よく研いだ包丁で3の肉を3mm厚さに薄くスライスし、器に盛って4のたれをかける。マッシュポテト、ミックスリーフを添える。

安いブロック肉がおいし〜く大変身！

ソースはかために作ると
きれいな層になるよ〜！

餃子の皮でラザニア

ラザニアって高いけど、じつは餃子の皮で代用できちゃう！
見た目もちゃんと層ができてラザニアっぽいんですよ。はる兄も、これがすっかりお気に入り！

材料（4人分）

餃子の皮	24枚
ピザ用チーズ	100g

〈ミートソース〉

豚ひき肉	200g
玉ねぎ（みじん切り）	1個
A　トマト缶	1缶
おろしにんにく	小さじ1
酒	大さじ2
顆粒コンソメの素・砂糖	各大さじ1
ケチャップ	大さじ3
オールスパイス（あれば）	3ふり
サラダ油	

〈ホワイトソース〉

小麦粉	大さじ4と½
バター	40g
牛乳	1と½カップ
B　顆粒コンソメの素	小さじ½
塩	小さじ¼
ナツメグ（あれば）	2ふり

作り方

1. ミートソースを作る。フライパンにサラダ油小さじ1を熱し、ひき肉、玉ねぎを炒める。ひき肉の色が変わったら、Aを加え、弱めの中火で水分がなくなるまで煮る。

2. ホワイトソースを作る。耐熱ボウルに小麦粉、バターを入れ、電子レンジで1分30秒加熱する。牛乳を少しずつ加えながら泡立て器で混ぜ、電子レンジでさらに5〜6分加熱する（途中で2〜3回取り出して混ぜる）。とろみがついたら取り出してBを加えて混ぜる。

3. フライパンにクッキングシートを敷き、餃子の皮8枚を並べる。ミートソースを適量のせて薄く広げ、皮、ホワイトソース、皮、ミートソース、ホワイトソース、ピザ用チーズ、ミートソースの順にのせる。ふたをして弱火で15分蒸し焼く。

4. フライ返しでクッキングシートごと取り出し、器に盛って食べやすく切る。あればパセリのみじん切り（分量外）をふる。

ごまだれ　梅だれ　食べるオリーブ油

フライパンひとつで
超☆豪華!

安い肉でもやわらか〜

ごまだれ

材料（作りやすい分量）
白練りごま・砂糖・しょうゆ・酢・白いりごま……各大さじ1
みそ・ごま油……各小さじ1

作り方
すべての材料を合わせてよく混ぜる。

梅だれ

材料（作りやすい分量）
梅干し（たたいて種を取る）……3個
酢……大さじ2
砂糖・ごま油・水……各大さじ1
和風顆粒だしの素……小さじ½弱

作り方
すべての材料を合わせてよく混ぜる。

食べるオリーブ油
材料、作り方はP46参照。

野菜もりもり！ 蒸ししゃぶ

フライパンで蒸して、そのまま食卓にドン！ 3種のたれを添えると、味が変わって食べ飽きません。豚肉は片栗粉をまぶすと、とろける食感に！

材料（4人分）
豚こま切れ肉……300g
キャベツ（ひと口大に切る）……¼個
にんじん（薄い短冊切り）……½本
玉ねぎ（薄切り）……½個
しめじ（石づきを取り、ほぐす）……½パック
グリーンアスパラ（かたい部分の皮をむく）……4本
片栗粉

作り方
1 豚肉はボウルに入れ、片栗粉大さじ1をもみ込む。
2 フライパンにキャベツ、にんじん、玉ねぎ、しめじ、1の肉、グリーンアスパラを順にのせ、水80ccを回しかける。ふたをして強火にかけ、沸騰したら弱めの中火で10〜12分ほど蒸す。食べるときに3種のたれを添える。

何度も作りたくなる
ラクチンさ!!

さめてもサクサク! 天ぷら

口が広いフライパンなら、いろんなたねを一気に揚げられてスピーディ。
ころもに酢を入れると、少ない油でもカリッと揚げられます。

材料（4人分）

えび（殻をむいて背わたを取る）	8尾
なす（縦半分に切って縦に切り目を入れる）	2個
れんこん（輪切りにして水にさらす）	½節（100g）
かぼちゃ（5〜6mm幅に切る）	⅛個（約125g）
ピーマン（へたと種を取り4等分に切る）	1個
ソーセージ	4本
ちくわ	小4本
青のり	大さじ1
小麦粉　サラダ油　酢　片栗粉　塩	

作り方

1　えびは腹側に小さく3か所ほど切り込みを入れ、腹を下にしてそり返す（プチプチと筋が切れる音がすればOK）。ボウルに入れて片栗粉、塩、水各少々をもみ込んで水で洗う。

2　ボウルに小麦粉150gを入れ、水180ccを少しずつ加えて混ぜる。酢小さじ1と½、氷4個を加えて混ぜ、ころもを作る（時間がたって水っぽくなったら小麦粉を足し、とろりとした状態を保つ）。

3　フライパンにサラダ油を高さ5mmほど熱し、野菜、ソーセージを2のころもにくぐらせて弱〜弱めの中火で揚げ焼く。続いてえびも同様に揚げ焼き、最後に残ったころもは青のりを加え、ちくわをくぐらせて磯辺揚げにする。

とっておき☆ うますぎ、びっくり!!

ここで紹介するおかずは、自分でいうのもなんだけどホントにうますぎてびっくり！ 一度作ったら何度も食べたくなる味なので、ぜひ作ってみてね〜!!

卵ソースのせ しょうが焼き

しょうが焼きだけでも充分おいしいけど、卵ソースをのせるとミラクルな味に！甘辛いソースとマヨがマッチして、絶品です!!

材料(4人分)

豚ロース肉(しょうが焼き用)	8枚(300g)
卵	3個
マヨネーズ	大さじ5
A 酒・しょうゆ	各小さじ1
おろししょうが	小さじ½
玉ねぎ(薄切り)	1個
B しょうゆ	大さじ3
酒・みりん	各大さじ2
砂糖	大さじ1
おろししょうが	小さじ½
キャベツ(せん切り)	⅙個
片栗粉　サラダ油　粗びき黒こしょう	

作り方

1. 卵ソースを作る。卵は沸騰した湯で10分ゆで、取り出して殻にひびを入れて冷水で冷やす。殻をむいてボウルに入れ、つぶしてマヨネーズを加え混ぜる。
2. 豚肉はボウルに入れてAをもみ込み、15分ほどおいたら片栗粉大さじ1と½をまんべんなくまぶす。
3. フライパンにサラダ油大さじ1を熱し、玉ねぎを炒める。しんなりしたらいったん取り出し、サラダ油小さじ1を足して2の豚肉を焼く。
4. 両面に焼き目がついたら取り出し、Bを加えて火にかける。ふつふつしてきたら肉、玉ねぎを戻してからめる。器に盛り、1の卵ソースをのせて粗びき黒こしょう少々をふり、キャベツを添える。

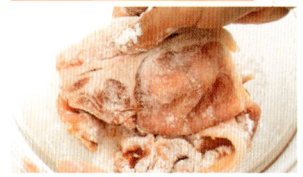

大人気！　箸が止まらない〜

どでかフライドチキン＆フライドポテト

おいしさのヒミツは、オールスパイスを混ぜたころもにあり。
空気に触れさせながら揚げ焼くと、カリッと仕上がるよ。

まさにあの味！お肉もジュ～シ～

材料（2人分）
- 骨付き鶏もも肉　2本（600g）
- A
  - 牛乳　大さじ2
  - 溶き卵　1個分
  - おろしにんにく　小さじ½
  - おろししょうが　小さじ½
- B
  - 小麦粉　大さじ6
  - 片栗粉　大さじ3
  - 塩　小さじ2
  - オールスパイス　小さじ¾
  - こしょう　小さじ¾
- じゃがいも（皮ごと8等分のくし形に切る）　1個
- プチトマト（へたを取り、半分に切る）　2個
- サラダ油

作り方
1. 鶏肉は骨に沿って切り目を入れて開き、包丁の先で全体を刺す。合わせたAをもみ込み、15分ほどおく。 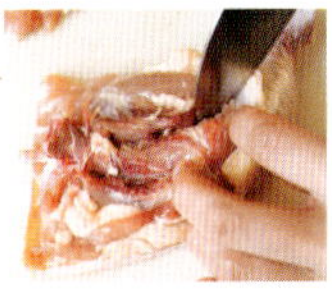
2. Bのころもを合わせ、1の肉とじゃがいもにたっぷりまぶす。 
3. フライパンにサラダ油大さじ3を熱し、2を入れて中火で5分揚げ焼く。肉に焼き目がついたら裏返して5分焼き、弱火でさらに5分両面を焼く（油が少なくなったら足す）。じゃがいもは火が通ったら取り出す。器に盛り、プチトマト、あればパセリ（分量外）を添える。

キャベツたっぷりとん平焼き

大阪のお好み焼き屋さんのサブメニューとしておなじみ。
本場よりキャベツたっぷりで、立派におかずになります。

材料（2個分）
- 豚こま切れ肉（ざく切り）　200g
- キャベツ（ざく切り）　¼個
- A
  - 塩・こしょう　各少々
  - いか天かす　大さじ2
  - かつお節　1袋（5g）
- 卵　2個
- サラダ油　小麦粉　塩　ソース　青のり　マヨネーズ

作り方
1. フライパンにサラダ油大さじ½を熱し、豚肉、キャベツを炒める。全体に油が回ったらふたをして、弱めの中火でキャベツがしんなりするまで蒸し焼く。ふたを取り、Aを加えて混ぜ、いったん取り出す。
2. ボウルに小麦粉大さじ2を入れ、水大さじ6を少しずつ加えて混ぜる。塩少々、溶いた卵を加えてよく混ぜる。
3. 1のフライパンの汚れを拭いてサラダ油小さじ1を弱めの中火で熱し、2を半量流し入れ、フライパンを回して広げる。すぐに1の具を半量のせ、フライ返しで半熟状態の卵の端を片側ずつ持ち上げ、具を包む。端に寄せて押さえ、器に返して盛る。残りも同様に焼き、ソース、青のり、マヨネーズ各適量をかける。

豚こまでお得に！本場の味です

やみつきになる～！
ビールもすすむ～！

辛うま！ヤンニョムチキン

韓国に行ったときに食べた味を、家で再現してみました。辛くて子どもには無理だけど、大人はかなりはまります！

材料（4人分）

- 鶏手羽元 …… 8本
- A
  - 塩・こしょう …… 各少々
  - 片栗粉 …… 大さじ3
- じゃがいも（皮ごと8等分のくし形に切る） …… 1個
- B
  - コチュジャン …… 大さじ2
  - ケチャップ …… 大さじ2
  - 砂糖・みりん …… 各大さじ1
  - ごま油 …… 大さじ1
- 白いりごま …… 適量
- サラダ油　片栗粉

作り方

1. 手羽元はAをまぶす。じゃがいもは片栗粉適量をまぶす。
2. フライパンにサラダ油大さじ3を熱し、弱めの中火で1を揚げ焼く。じゃがいもは焼き色がついたら返して、中まで火が通ったら取り出す。手羽元は約10分ほど、転がしながら焼き色をつけて取り出す。
3. フライパンの油をペーパータオルで拭き取り、2の肉とじゃがいもを戻して火にかける。Bを加えてたれをからめ、器に盛って白いりごまをふる。

レタスの肉みそのせ

れんちびがよく食べる、シンプルで飽きないおいしさ。P13の万能ひき肉だねを使えば手軽!

とっておき☆ うますぎ、びっくり!!

レタス嫌いな子もこれなら食べる!

材料(4人分)
- 豚ひき肉 ……………………… 150g
- 玉ねぎ(みじん切り) …………… ¼個
- ピーマン(みじん切り) ………… 1個
- A
  - しょうゆ ……………… 大さじ1
  - オイスターソース …… 大さじ1
  - 砂糖 …………………… 小さじ½
  - 粉末鶏ガラスープの素 … 小さじ½
- しいたけ(みじん切り) ………… 2個
- レタス(小さめの葉) …………… 適量
- サラダ油

作り方
1. 鍋にサラダ油小さじ1を熱し、ひき肉、玉ねぎ、ピーマンを入れて炒める。肉の色が変わったらA、しいたけを加え、炒め合わせる。 
2. レタスは水洗いして水けを拭き、器に盛る。1を添え、食べるときにレタスにのせる。

みそチャーシュー

圧力鍋でお手軽。自慢の味です

友だちや親戚の家に遊びにいくとき、よく持っていくのがこれ。さめてもおいしいので喜ばれます!

材料(4人分)
- 豚バラブロック肉(2等分に切る) ……………………… 600〜700g
- おろししょうが ……………… 小さじ½
- 長ねぎ(青い部分) …………… 1本分
- 卵 ……………………………… 4個
- A
  - 酒・しょうゆ ……… 各大さじ2
  - ごま油 ……………… 大さじ2
  - みそ・砂糖 ………… 各大さじ4
- 万能ねぎ(小口切り)・白髪ねぎ ……………………… 各少々

作り方
1. フライパンに豚肉を並べて火にかけ、全面こんがり焼く。圧力鍋に移し、かぶるくらいの水とおろししょうが、長ねぎを加えて20分加圧し、火を止めてそのまま自然放置する。
2. 卵は沸騰した湯で8分ゆでる。取り出して殻にひびを入れて、氷水でしっかり冷やして殻をむく。
3. 保存容器にAを合わせ、1、2を加えて冷蔵庫で3時間以上おく(ときどき裏返す)。取り出して肉は1cm厚さ、ゆで卵は縦半分に切る。器に肉、ゆで卵を盛り、白髪ねぎ、万能ねぎを飾る。

おうちで楽しい 外食メニュー

外食に行きたいけど、小さい子がいるとなかなか行けないもの。だからおうちで楽しんじゃいましょ。ちょっとした工夫で、人気のあの味そっくりになっちゃうよ！

藤原家の北京ダック風

本場の中国では前菜だけど、わが家は肉ごと包んでおかずに。皮はフライパンで焼くだけだから失敗なし！

皮で包んで〜。ボリューム満点！

材料（皮10枚分）

〈生地〉
- 小麦粉　400g
- 砂糖　大さじ1強
- 塩　小さじ1

〈具材〉
- 鶏もも肉（観音開きにして厚みを均等にする）　3枚
- A
  - 甜麺醤　大さじ3
  - 砂糖　大さじ1と1/2
  - しょうゆ　大さじ1強
- レタス（細切り）　1/2個
- にんじん（細切り）　1/2本
- きゅうり（細切り）　1本

〈たれ〉
- 甜麺醤　大さじ3
- 砂糖　大さじ1と1/2
- しょうゆ・ごま油　各小さじ2
- サラダ油

作り方

1. 皮を作る。ボウルに生地の材料を入れ、水4カップを少しずつ加えながら泡立て器で混ぜる。
2. フライパンにサラダ油小さじ1を熱し、1の生地をおたま1杯強程度流し入れる。フライパンを回して生地を広げ、弱めの中火で2分ほど焼く。生地が乾いてきたら裏返して両面焼く。残りも同様に焼く。 
3. 鶏肉は包丁の先で刺して穴をあける。2枚並べてフライパンに入れ、中火で両面カリッと焼く。焼けたら取り出し、残りの鶏肉を同様に焼く（余分な油はペーパータオルで拭き取る）。
4. フライパンにA、水大さじ1と1/2を入れて煮立て、3の肉を戻して全体にからめる。
5. 器に盛り、たれの材料をすべて合わせて野菜、皮を添える（食べるときは皮に野菜、肉をのせてたれをかけ、包む）。

フィッシュ&チップス

日本でも人気のイギリス定番おつまみ。
ソースが絶品！ 魚に合うよ。

ビールのおともに。
激うま〜！

材料(4人分)

- 生たら(皮なし・薄くそぎ切り) …… 3〜4切れ(約300g)
- じゃがいも(1cm角の棒状に切り、水にさらす) …… 2個
- A
  - マヨネーズ …… 大さじ3
  - 玉ねぎ(みじん切り) …… 1/4個
  - パセリ(みじん切り) …… 小さじ1
  - レモン汁 …… 各小さじ1
  - 水 …… 大さじ1/2
  - 砂糖・黒こしょう …… 各少々
- B
  - 小麦粉・片栗粉 …… 各50g
  - ベーキングパウダー …… 3g
  - 顆粒コンソメの素 …… 小さじ1/2
  - 塩 …… 小さじ1/4
- 溶き卵 …… 1個分
- 塩　片栗粉　サラダ油

作り方

1. たらは、塩ふたつまみを両面にふり、10分ほどおいて水けをペーパータオルで拭く。**A**の玉ねぎは耐熱容器に入れて電子レンジで1分30秒加熱し、残りの材料と混ぜ合わせておく。
2. フライパンにサラダ油大さじ3を熱し、水けを拭いて片栗粉をまぶしたじゃがいもを入れる。全体をきつね色に揚げ焼き、ペーパータオルに取り出す。
3. ころもをつくる。ボウルに**B**を入れ、氷水(水60cc、氷4個)を混ぜた溶き卵を少しずつ加え、泡立て器でさっくりと混ぜる。**1**の白身魚に片栗粉適量をまぶしてくぐらせる。
4. **2**のフライパンにサラダ油を大さじ3〜4ほど入れて弱めの中火で熱し、**3**を入れる。両面に焼き色をつけたら、ときどき返しながら10分ほど揚げ焼く。(油が少なくなったら少しずつ足す)。最後に10秒ほど強火にしてカリッとさせ、油をきる。器に盛り、**2**、**A**を添える。

照り焼きバーガー

ハンバーガーの中でこれがいちばん好き。
かためのたれだから、汁が垂れず食べやすいですよ。

材料(4人分)

- 豚ひき肉 …… 300g
- 玉ねぎ(みじん切り) …… 1/2個
- A
  - 卵 …… 1個
  - パン粉 …… 大さじ4
  - マヨネーズ …… 大さじ1
  - 塩 …… 小さじ1/4
  - こしょう …… 少々
- B
  - しょうゆ・みりん・水 …… 各大さじ4
  - 砂糖 …… 大さじ2
  - 酒・片栗粉 …… 各大さじ1
- バーガー用バンズ …… 4個
- レタス(小さくちぎって水にさらす) …… 2枚
- じゃがいも(皮ごとくし形に切る) …… 2個
- サラダ油　マヨネーズ

作り方

1. ボウルにひき肉、玉ねぎ、**A**を加えてよく混ぜる。4等分して成形する。**B**は合わせておく。
2. フライパンにサラダ油小さじ1を熱し、**1**のハンバーグだねを並べて両面を強火で焼く。焼き色がついたら、水1/4カップを加え、沸騰したらふたをして中火で蒸し焼く。水分がなくなったらいったん取り出す。
3. **B**の片栗粉を完全に溶かして**2**のフライパンに入れ、火にかける。とろみがついてきたらハンバーグを戻してたれをからめる。
4. バンズをトースターかフライパンで軽く焼く。水けを拭いたレタス、**3**、マヨネーズの順にはさむ。じゃがいもは上の「フィッシュ&チップス」同様に揚げて、ハンバーガーに添える。

お休みの日の
ランチにもおすすめ！

串カツスペシャル

材料は、家にあるもの何でもOK！ とろりとした卵液にくぐらせると、ころもがはがれにくいんです。

材料（4人分）

- 豚こま切れ肉 150g
- A
  - 片栗粉 小さじ2
  - 酒 小さじ1
  - 塩 少々
- はんぺん（4等分、三角に切る） 1枚
- スライスチーズ（4等分、三角に切る） 1枚
- 卵 1個
- 甘塩鮭（ひと口大に切る） 2切れ
- れんこん（1cm幅の輪切り） 1/2節（120g）
- エリンギ（縦に4等分） 1本
- かぼちゃ（1cm幅のくし形切り） 1/8個
- 小麦粉　パン粉　サラダ油　とんかつソース

作り方

1. ボウルに豚肉、Aを入れて混ぜ、4等分にしてだ円に丸める。はんぺんは横に切り込みを入れ、チーズをはさむ。
2. ボウルに小麦粉100gを入れ、水120ccを少しずつ加えながら混ぜる。溶いた卵を加えて混ぜ、1、鮭、野菜をくぐらせる。余分な卵液を落とし、パン粉をたっぷりまぶす。
3. フライパンにサラダ油を高さ3mmほど注いで弱めの中火で熱し、2を揚げ焼く（はんぺんは切り込みを入れた面から揚げる）。きつね色になったら裏返し（色がつくまで動かさない）、両面に焼き色をつける（途中で油が足りなくなったらその都度足す）。
4. 油をきって串を刺し、器に盛る。とんかつソースは白いりごま少々（分量外）をふって添える。

お店で食べるみたいで楽し〜！

彩り野菜のジュレサラダ

人気のジュレは甘酢じょうゆをゼラチンで固めるだけ。おしゃれなカフェ風サラダで、食卓が華やか〜。

材料（4人分）

- レタス（食べやすくちぎる） 1/2個
- レッドキャベツ（小さくちぎる） 1/4個
- 玉ねぎ（繊維を断って薄切りし、水にさらす） 1/4個
- 黄パプリカ（薄切り） 1/4個
- トマト（くし形切り） 1個
- 〈甘酢ジュレ〉
- 粉ゼラチン 5g
- A
  - 酢 80cc
  - しょうゆ 1/4カップ
  - 砂糖 大さじ2
  - 塩 小さじ1/4

作り方

1. 甘酢ジュレを作る。熱湯180ccにゼラチンを加えて完全に溶かし、Aを加えて混ぜる。バットに流して冷蔵庫で1時間ほど冷やす（小さいバットで2回分に分けると使いやすい）。
2. 1が固まったら取り出し、泡立て器かフォークで崩す。器に野菜を盛り、ジュレをのせる。

いつまでもプルプルでおいし〜

クリスピー！餃子ピザ

餃子の皮にのせて焼くだけ！
居酒屋のつまみ風でクセになる味です。
パリパリッと食べられちゃうから
おやつにもおすすめ。

たくさん作って
ワイワイ食べよう

材料（4人分）

えび（殻をむいて背わたを取り、1㎝幅に切る）
……………………………… 10尾（100g）
餃子の皮 ………………………… 18枚

A
| ケチャップ …………… 大さじ2
| 酢・しょうゆ ……… 各大さじ½
| 砂糖 …………………… 小さじ1
| 粒マスタード ………………… 少々

ピザ用チーズ …………………… 適量

作り方

1. オーブンは230℃に予熱しておく。
2. オーブンのトレイにクッキングペーパーを敷き、餃子の皮2枚を水でつけて並べる。
3. **A**のピザソースを混ぜて塗り、えび、ピザ用チーズをのせる。オーブンで13～15分焼く。あればパセリのみじん切り（分量外）をふる。

おうちで楽しい 外食メニュー

もちもち角煮まん

角煮と生地を作るのでちょっと手間がかかるけど、その価値あり！
中華街で食べるようなおいしさです！

材料（生地6個分・角煮は作りやすい分量）

〈角煮〉
豚バラブロック肉（長さ3等分に切る）……… 500～600g

A
| おろししょうが 小さじ1
| 長ねぎ（青い部分）………………… 1本分

B
| しょうゆ・水 ……………… 各大さじ3
| 砂糖・みりん・酒 ………… 各大さじ2

〈生地〉
強力粉 …………………… 150g
薄力粉 …………………… 150g
ベーキングパウダー …………… 大さじ1
砂糖 …………………… 大さじ3
塩 …………………… 小さじ¼

作り方

1. フライパンに豚肉を入れて強火にかけ、全体にしっかり焼き目をつける。
2. 圧力鍋に**1**の肉、かぶるくらいの水、**A**を入れて火にかけ、20分加圧。火を止めてそのまま自然放置する。取り出してさまし、縦3等分に切る。
3. フライパンに**2**と**B**を入れて火にかけ、たれを煮つめながら、肉をときどき返してからめる。 
4. 生地の材料をボウルにすべて入れ、水160ccを加え、表面がなめらかになるまで1分ほど手でこねてまとめる。ラップをかけ室温に5分おいて包丁で6等分し、打ち粉をしてめん棒で長さ16㎝くらいのだ円形にのばし、半分に折る。
5. 鍋に湯を沸かし、クッキングペーパーを敷いたせいろ（または深めの鍋に網を入れて水を注ぐ）をのせる。**4**を並べ、ふたをして弱火で10分ほど蒸す（鍋の場合は7分）。その間に**3**の肉を温め直す。
6. 生地がふくらんだらとじ目を手であけ、肉を1切れずつはさむ。

本格中華風の味わいで
大人気です

75

家族に大好評！わが家の定番☆おかず

得意のあんかけに、根菜たっぷりおかず、子どもたちが好きなハンバーグなど、うちの定番は食べ飽きない味ばかり。何度も作りたい味を厳選紹介します☆

材料（4人分）

鶏もも肉（ひと口大に切る）	1枚
にんじん（ひと口大の乱切り）	½本
じゃがいも（4等分に切る）	1個
玉ねぎ（5mm幅の薄切り）	½個
なす（乱切り）	1本
ピーマン（乱切り）	1個
れんこん（5mm幅の半月切り）	小½節（80g）
A 黒酢	大さじ4
しょうゆ・みりん	各大さじ4
酒・砂糖	各大さじ2
片栗粉	大さじ½
キャベツ（せん切り）	適量
しょうゆ　片栗粉　サラダ油	

作り方

1. 鶏肉はしょうゆ小さじ1をもみ込み、15分ほどおく。にんじん、じゃがいもはそれぞれ耐熱容器に入れてラップをかけ、電子レンジでにんじんは1分、じゃがいもは2分加熱する。Aは合わせておく。
2. フライパンにサラダ油大さじ1を熱し、1の鶏肉に片栗粉大さじ1強をまぶして揚げ焼く。全体的に焼けたら取り出す。
3. 2のフライパンにサラダ油大さじ2を足し、玉ねぎ、なす、ピーマン、れんこん、1のにんじん、じゃがいもを加えて炒める。なす、玉ねぎがしんなりしてきたら2の鶏肉を戻し、Aを再度混ぜて片栗粉を完全に溶かしてから加え、全体にからめる。器に盛り、キャベツを添える。

激うま！　野菜もたっぷりです

鶏肉と野菜の彩り黒酢あんかけ

繊維質たっぷりの根菜を家族に食べさせたいときは、これ。
酢豚みたいに野菜を油通しすると、色がキレイでシャキッとしますよ。

ふわ〜、とろ〜でおいし〜！

甘辛い味が
たまらない〜

トマトと卵の中華炒め

中華料理の定番おかずですが、ご飯にもビールにも合う絶妙な味！ 材料2品ですむから節約にもなるよ！

材料（4人分）

卵	3個
トマト（くし形切り）	2個
A　オイスターソース	小さじ2
粉末鶏ガラスープの素	小さじ1
砂糖	小さじ½
ごま油	小さじ1
万能ねぎ（小口切り）	適量
サラダ油　塩　こしょう	

作り方

1 ボウルに卵を溶き混ぜる。Aは合わせておく。
2 フライパンにサラダ油大さじ½を熱し、1を流し入れて箸で混ぜる。ふわふわした半熟状のところでいったん取り出す。
3 フライパンにトマト、2の卵、Aを順に加え、サッと炒め合わせる。味をみて、塩、こしょうでととのえる。器に盛り、万能ねぎをふる。

ぶりと野菜の甘辛あん

甘辛あんの配合は魚も肉も合う黄金比。覚えておくと便利ですよ！

材料（4人分）

ぶり（半分に切る）	3切れ
A　しょうゆ・酒	各小さじ1
おろししょうが	小さじ⅓
なす（乱切り）	大1本
玉ねぎ（ざく切り）	½個
B　しょうゆ	大さじ3
みりん	大さじ2
砂糖	大さじ2と½
酢	大さじ1
片栗粉	小さじ2
水	½カップ
さやいんげん（塩ゆでして3等分に切る）	5本
サラダ油　片栗粉	

作り方

1 バットにぶりを入れ、Aをまぶして15分おく。Bは合わせておく。
2 1のぶりを取り出し、軽く汁けを拭いてから片栗粉適量をまぶす。フライパンにサラダ油大さじ2を熱し、ぶりを入れて両面を揚げ焼き、いったん取り出す。サラダ油大さじ1を足して、なすと玉ねぎを炒め、玉ねぎがしんなりしたら取り出す。
3 よく混ぜたBを入れて火にかけ、木べらで混ぜながらとろみをつける。とろみがついてきたら、2のぶりと野菜を戻し、さやいんげんを加えてたれをからめる。

家族に大好評！
わが家の **定番☆おかず**

材料（4人分）
- 鶏もも肉（ひと口大に切る） ……… 1枚
- ごぼう（乱切り） ……… 1本
- こんにゃく（スプーンでひと口大に切る） ……… 1枚（180ｇ）
- 赤唐辛子（小口切り） ……… 好みで少々
- にんじん（乱切り） ……… 1本
- A
  - みそ ……… 大さじ2と1/2
  - みりん ……… 大さじ2
  - 酒 ……… 大さじ1
  - 砂糖 ……… 小さじ1
  - 顆粒和風だしの素 ……… 小さじ1
- サラダ油

作り方
1. ごぼうは水にさらし、こんにゃくはもみ洗いする。
2. フライパンにサラダ油大さじ1/2を熱し、鶏肉、赤唐辛子を入れて炒める。肉の色が変わったらごぼう、こんにゃく、にんじんを加えて炒め合わせ、水1/2カップを加える。ふたをして、中火で5分ほど蒸し煮する。
3. ごぼうがやわらかくなったらふたを取り水分をとばす。合わせたAを加え、強火で全体にからめる。

常備菜にもなっておいしいよ～

鶏肉とごぼうのみそ煮

ごぼうとにんじんは皮ごと使うと栄養もとれるよ。
みそとごまがねっとりからんで、白いご飯がどんどんすすむ～！

餃子味でジューシー！

ラーメンにのせたり、つまみにしたり！

しそバーグ

しそ入りの餃子をイメージして作ったからか、ダンナお気に入り。つなぎに卵を使わなくてもまとまります。

材料（4人分）

- 豚ひき肉 ………… 400g
- 玉ねぎ（みじん切り）……… 1個
- 大葉（20枚はせん切り）…… 24枚
- パン粉 ………… 大さじ4
- A
  - しょうゆ ………… 大さじ1
  - オイスターソース ……… 小さじ2
  - 塩 ………… ふたつまみ
  - マヨネーズ ………… 大さじ1
  - おろしにんにく ……… 小さじ1
  - おろししょうが ……… 小さじ½
- プチトマト（へたを取り半分に切る）……… 3個
- サラダ油

作り方

1. ボウルにひき肉、玉ねぎ、せん切りの大葉、パン粉、Aを入れて、よく練り混ぜる。4等分して成形する。
2. フライパンにサラダ油少々を熱し、1を入れて中火で両面を焼く。焼き目がついたら弱火にしてふたをし、蒸し焼く（串を刺して透明な汁が出たら取り出す）。
3. 器に残りの大葉を敷き、2をのせてプチトマトを飾る。

味つけ卵

半熟とろ〜りで間違いないおいしさ！ゆでたら殻にひびを入れて氷水で冷やすとつるっとむけます。

材料（4人分）

- 卵 ………… 4個
- A
  - しょうゆ・みりん ……… 各大さじ3
  - 砂糖 ………… 大さじ1
  - おろしにんにく ……… 小さじ½

作り方

1. 卵は沸騰した湯に入れ、弱めの中火で8分ゆでる。取り出して殻にひびを入れ、氷水で冷やして殻をむく。
2. ビニール袋に1の卵、A、水大さじ4を入れて口をしばる。深めの器などに入れ、冷蔵庫で3時間以上漬ける。

おかずいらずの味つきご飯

うちは白いご飯と同じくらい味つきご飯が登場します。それは、ダンナと子どもが大好きだから（笑）。おかずが少ないときも、味つきなら豪華に見えますよ〜。

ご飯がどんどんすすんじゃうよ〜

照り焼きアボカド丼

こってりアボカドと、甘辛い鶏の照り焼きの組み合わせはテッパン！
器に4人分盛ると、丼なのにまるでおかずのように見えるでしょ。

材料（4〜5人分）

- 鶏もも肉（ひと口大に切る） ・・・ 2枚
- A
  - しょうゆ ・・・ 大さじ½
  - 酒 ・・・ 大さじ1
  - おろししょうが ・・・ 小さじ½
- B
  - しょうゆ・水 ・・・ 各大さじ3
  - みりん・酒 ・・・ 各大さじ2
  - 砂糖 ・・・ 大さじ1と½〜2
  - 片栗粉 ・・・ 小さじ1
- ご飯 ・・・ 茶碗5〜6杯分
- アボカド（種を取り、半分に切って1cm幅の半月切り） ・・・ ½個
- 白髪ねぎ・万能ねぎ（半月切り） ・・・ 各少々
- サラダ油　マヨネーズ

作り方

1. ボウルに鶏肉、**A**を入れてもみ込み、10分ほどおく。**B**は合わせておく。
2. フライパンにサラダ油大さじ½を熱し、**1**を焼く。中まで火を通していったん取り出す。**B**を再度混ぜて片栗粉を完全に溶かしてからフライパンに入れ、火にかける。
3. 木べらで混ぜ、とろみがついてきたら**2**の肉を戻し、たれをからめる。
4. 器にご飯を盛り、**3**、アボカドをのせてマヨネーズをかける。白髪ねぎ、万能ねぎを飾る。

炊飯器で洋風ピラフ

炊飯器ならピラフも簡単!
余り野菜を刻んで入れれば、
手軽に在庫一掃もできちゃいます。

材料(3合分)
米(といでおく)	3合
玉ねぎ(みじん切り)	½個
にんじん(みじん切り)	⅙本
ピーマン(みじん切り)	2個
しめじ(石づきを取り、ほぐす)	⅓パック
顆粒コンソメの素	大さじ1と½
おろしにんにく	小さじ½
バター	30g
酒　塩	

作り方
1. 炊飯器の内釜に米、酒大さじ2を入れ、3合の目盛りよりやや少なめになるように水を加える。上に野菜、顆粒コンソメの素、おろしにんにくをのせて炊飯する。
2. 炊き上がったらバター、塩小さじ¼を加えて混ぜ合わせる。器に盛り、あればパセリのみじん切り(分量外)をふる。

材料を入れたら、あとはおまかせ〜!

スパイシ〜!ジャンバラヤ

味の決め手はチリペッパー。
辛くしたいときは
好みで量を増やしてね。

材料(4人分)
豚こま切れ肉(ざく切り)	100g
玉ねぎ(みじん切り)	½個
にんじん(みじん切り)	½個
カレールウ(中辛)	40g
ご飯	茶碗4杯分(600g)
ピーマン(みじん切り)	2個
ケチャップ	大さじ3
チリペッパー	少々
サラダ油　こしょう	

作り方
1. フライパンにサラダ油大さじ1を熱し、豚肉、玉ねぎ、にんじんを炒める。にんじんがしんなりしたらカレールウを加えて溶かし、ご飯、ピーマンを加えて炒め合わせる。
2. ケチャップ、こしょう少々で味をととのえ、仕上げにチリペッパーをふる。器に、あればレタス1枚(分量外)を敷き、ご飯を盛る。

カレールウで簡単本格的に!

包まないから
ラクチン！

お祝いや
イベントにもぴったり～

お赤飯

ささげのゆで汁で炊くと、きれいなお赤飯が簡単！
もち米を使うともっちり炊き上がります。

材料（4人分）
- もち米　　　　　　　　2合
- ささげ（よく洗う）　　　60g
- 米（といでおく）　　　　1合
- ごま塩　　　　　　　　適量

作り方
1. もち米は3時間ほど水に浸す。
2. 鍋に水4カップ、ささげを入れて火にかけ、沸騰したらふたをして中火で15分ゆでる。火を止めてそのままさます。
3. 炊飯器の内釜に1のもち米、米を入れ、3合の目盛りよりやや少なめに、2のゆで汁を入れる。上にささげをのせ、炊飯する。食べるときにごま塩をふる。

おかずいらずの
味つきご飯

餃子丼

時間がないときや、包むのが面倒なときの裏ワザ！
味は餃子と同じだから、満足感もありますよ。

材料（4人分）
- 豚ひき肉　　　　　　　100g
- 玉ねぎ（みじん切り）　　1個
- A
  - しょうゆ　　　　　　大さじ1
  - オイスターソース　　大さじ½
  - 酒・砂糖　　　　各大さじ½
  - 粉末鶏ガラスープの素　小さじ½
  - おろしにんにく　　　小さじ½
  - ごま油　　　　　　　大さじ½
- にら（1cm幅に切る）　　　1束
- ご飯　　　　　　　茶碗4杯分
- 白いりごま　　　　　　適量
- サラダ油

作り方
1. フライパンにサラダ油大さじ½を熱し、ひき肉、玉ねぎを炒める。玉ねぎがしんなりしたらAを加えて炒め、にらを加えてサッと炒め合わせる。
2. 器にご飯を盛り、1をのせて白いりごまをふる。

肉巻きおにぎり

焼肉のたれで簡単うますぎ！

俵ににぎったご飯を、
薄切り肉で巻いてたれで焼くだけ。
見た目豪華だから、行楽弁当にも！

材料(10個分)

温かいご飯	茶碗3杯分(450g)
豚もも薄切り肉	10枚
焼肉のたれ	大さじ5
塩　片栗粉　サラダ油	

作り方

1. ご飯は温かいうちに焼肉のたれ大さじ1を加えて混ぜ、粗熱が取れたら10等分して俵形ににぎる。
2. 豚肉を広げて片栗粉適量を軽くふり、1のご飯1個分をのせる。両端からご飯が出ないように肉をきつめに巻きつけ、片栗粉適量を軽くふる。
3. フライパンにサラダ油小さじ2を熱し、2の巻き終わりを下にして焼く(とじ目がくっつくまで動かさない)。箸で転がしながら全体に焼き目をつけたら、ペーパータオルで余分な脂を拭き取る。焼肉のたれ大さじ4を加えてからめる。

おもちで！中華おこわ

もち米いらずで本格おこわ！

お米に切りもちをのせて、炊飯したらもちもちおこわが完成〜。
炊けたらすぐに混ぜるのがコツ。

材料(4人分)

米(といでおく)	2合
干ししいたけ(スライス・手でちぎる)	2個
A　しょうゆ	大さじ1
粉末鶏ガラスープの素	大さじ1
オイスターソース・酒	各小さじ2
砂糖	大さじ1
豚ひき肉	100g
にんじん(短冊切り)	1/3本
切りもち	1個

作り方

1. 干ししいたけは、水350ccでもどす。
2. 炊飯器の内釜に米、合わせたAを入れ、2合の目盛りより、やや少なめになるように1のもどし汁を加える。もどししいたけ、ひき肉、にんじんをのせ、上に切りもちをのせて炊飯する。
3. 炊き上がったらすぐにご飯を返し、もちを全体に混ぜ合わせる。

めちゃうま☆いろいろ麺

麺には人一倍うるさいダンナのおかげで、わが家の麺レシピは大充実！ さっぱり、こってり、具だくさん…その日の気分でいろんな味を楽しんでま～す。

冷製トマトそうめん

マンネリになりがちな
そうめんを
劇的にチェンジ！
トマトたっぷりのつゆで
シンプルだけど
うまみ満点！

材料（4人分）

- トマト（2cm角に切る）……2個
- A
  - めんつゆ（3倍濃縮）……1カップ
  - 酢……大さじ4
  - 砂糖……小さじ2
  - オリーブ油……大さじ2
- そうめん……8束（約400g）
- きゅうり（細切り）……2本

作り方

1. ボウルにトマト、**A**、水1と½カップを混ぜ、冷蔵庫で冷やす。

2. そうめんを袋の表示どおりにゆでて、氷水でしっかり冷やす。器に盛り、きゅうり、**1**のトマトをのせ、つゆを注ぐ。

トマトを入れるだけでガラッと豪華！

ひやむぎでビビン麺

イメージは冷麺。子どもは食べられない辛さだけど、ひやむぎに辛味だれが最高においしいんです。

材料(2人分)

- ひやむぎ……3束(240g)
- A
  - コチュジャン・酢……各大さじ4
  - しょうゆ……大さじ2
  - 砂糖……大さじ2
  - 粉末鶏ガラスープの素……小さじ½
  - ごま油……大さじ2
- きゅうり(細切り)……1本
- トマト(輪切り)……1個
- 卵(ゆでて殻をむき、半分に切る)……1個
- 白いりごま……適量

作り方

1. ひやむぎは袋の表示よりかためにゆで、氷水で冷やして1人分ずつ器に盛る。
2. ボウルにAを混ぜて1に半量かけ、きゅうり、トマト、ゆで卵を半量ずつのせて白いりごまをふる。残りも同様に盛る。

夏にぴったり！
一度食べたらやみつき〜

上海焼きそば

麺は3玉だけど、もやしやにらをどっさり入れると4人分のボリューム！ えび入りで本格的な味です。

材料（4人分）

えび（殻をむいて背わたを取る）		10尾（100g）
A	塩	ひとつまみ
	酒・ごま油	各小さじ1
	片栗粉	小さじ2
中華麺		3玉
もやし		1袋
にら（5cm長さに切る）		1束
B	しょうゆ	大さじ1と1/2
	オイスターソース	大さじ1
	砂糖	小さじ1
	粉末鶏ガラスープの素	小さじ1/2
塩　サラダ油　酒　ごま油		

作り方

1 えびは塩適量でもんで水洗いし、水けを拭いてAをもみ込む。

2 フライパンにサラダ油大さじ1を熱し、1のえびを焼く。火が通ったらいったん取り出す。

3 2のフライパンにサラダ油大さじ1を足し、中華麺を入れる。酒大さじ1をふってほぐしながら炒め、もやし、にらを加えて強火で炒め合わせる。

4 野菜がしんなりしたら2のえびを戻し、Bを加えて調味する。仕上げにごま油大さじ1をふる。

本格お店の味で作れますよ！

白菜のうま煮ラーメン

市販のしょうゆラーメンに、白菜あんかけをのせるだけ。絶妙なバランスです！

とろ〜りあんかけで箸が止まらな〜い

材料（3人分）

豚こま切れ肉（食べやすく切る）		200g
A	塩・こしょう	各ひとつまみ
	片栗粉	大さじ1
白菜（ざく切り）		1/8個
にんじん（短冊切り）		1/3本
B	粉末鶏ガラスープの素	小さじ1
	しょうゆ	大さじ2
	砂糖	大さじ1
	オイスターソース	大さじ1
	おろしにんにく	小さじ1
	ラー油	小さじ1/2
市販のスープつき中華麺（しょうゆ味）		3玉
サラダ油　片栗粉		

作り方

1 豚肉はAをもみ込む。

2 フライパンにサラダ油大さじ1を熱し、豚肉を炒める。肉の色が変わったら、白菜、にんじんを加えて炒め、水3カップ、Bを加えて煮立てる。白菜がやわらかくなったら、水溶き片栗粉（片栗粉大さじ3、水大さじ4）を加えてとろみをつける。

3 ラーメンは袋の表示どおりにゆで、別の鍋で付属のしょうゆスープを作る。ラーメンを湯きりして1人分ずつ器に盛り、スープを注ぐ。2のうま煮を1/3量ずつのせる。

アマトリチャーナ風パスタ

本場のイタリアでは塩豚だけど、手軽なハムでうまみをプラス。飽きない味で子どもにも人気バツグンです!

材料(3〜4人分)
- 玉ねぎ(みじん切り) ……… 1個
- ハム(細切り) ……… 4枚
- おろしにんにく ……… 小さじ2
- A
  - トマト缶 ……… 1缶
  - ケチャップ ……… 大さじ4
  - 顆粒コンソメの素 ……… 大さじ1
  - 酒 ……… 大さじ1
  - 砂糖 ……… 小さじ2
- スパゲティ ……… 300g
- オリーブ油

作り方
1. フライパンにオリーブ油大さじ2を熱して玉ねぎを入れ、ふたをして3分ほど蒸し焼く。
2. 玉ねぎがしんなりしたらふたを取り、ハム、おろしにんにくを加えて炒める。**A**を加えて5分ほど煮る。
3. スパゲティを袋の表示どおりにゆで、**2**に加えてからめる(からめにくいときはパスタのゆで汁を少し加える)。器に盛り、あればみじん切りしたパセリ(分量外)をふる。

トマトパスタはこれがおすすめ!

めちゃうま☆いろいろ麺

フライパンひとつで!濃厚カルボナーラ

生クリームを入れないのに、驚くほど濃厚!
スパゲティはゆで時間7分のものを使ってね。

材料(3〜4人分)
- ベーコン(1cm幅に切る) ……… 4枚
- 玉ねぎ(薄切り) ……… 1個
- おろしにんにく ……… 小さじ1
- A
  - 牛乳 ……… 2と1/2カップ
  - 顆粒コンソメの素 ……… 大さじ2
  - 酒 ……… 大さじ1
- スパゲティ(ゆで時間7分のもの) ……… 250g
- B
  - 粉チーズ 大さじ5〜6
  - 塩 ふたつまみ
  - こしょう 少々
- しめじ(石づきを取りほぐす) ……… 1/2パック
- 卵黄 ……… 1個分
- パセリ(みじん切り) ……… 少々
- オリーブ油 粗びき黒こしょう

作り方
1. フライパンにオリーブ油大さじ2を熱し、ベーコン、玉ねぎ、おろしにんにくを炒める。玉ねぎがしんなりしたら、水2カップ、**A**を加えて中火で煮立てる。
2. 沸騰したらスパゲティを加え、中火で7分煮る。ゆで上がる3分前に**B**、しめじを加え、スパゲティにからめる。
3. 器に盛り、卵黄をのせ、パセリ、粗びき黒こしょうをふる。

スープで麺をゆでちゃいます!

あと1品欲しいときに！速攻!! 野菜のおかず

献立にはできるだけ野菜おかずを入れたいから、短時間でパパッと作れるレシピをストックしています。箸休めにもなるし、余った野菜を使いきれて便利ですよ。

アツアツのベーコンをサッとかけるだけ

水菜のカリカリベーコンサラダ

ベーコンは多めの油で炒めて、油ごとドレッシングに。ビールにもぴったりだね！

材料（4人分）

水菜（7～8cm長さに切る）……… ½束
ベーコン（細切り）……………………… 3枚
オリーブ油　塩　粗びき黒こしょう

作り方

1. フライパンにオリーブ油大さじ1と½を熱し、ベーコンを入れて弱火で炒める。カリカリになったら塩ふたつまみ、粗びき黒こしょう少々で味をととのえる。
2. 器に水菜を盛り、1を油ごとかけて食べるときにあえる。

つゆをかけてでき上がり！

夏野菜の焼きびたし

少ない油で焼くから、揚げびたしよりヘルシー。余っている野菜をなんでも使っちゃいましょ。

材料（4人分）

なす（大きめの乱切り）………………… 2本
オクラ（かたい部分をそぐ）…………… 5本
ピーマン（乱切り）……………………… 1個
トマト（くし形切り）…………………… 1個
A　めんつゆ（3倍濃縮）……… 大さじ4
　　砂糖……………………………… 小さじ½
サラダ油

作り方

1. フライパンにサラダ油大さじ1を熱し、なす、オクラの順に炒める。サラダ油大さじ1を足してピーマンを炒め、トマトを加えてサッと火を通す。油をきって器に盛る。
2. ボウルにA、水140ccを合わせて、1の野菜にかける。

サッとゆてあえる！

白菜とハムのうまサラダ

白菜ってなかなか食べきれないけど、このサラダにすれば一発！わが家でも大人気の1品です。

材料（4人分）

白菜（細切り）…………………………… ¼個
A　酢………………………… 大さじ1強
　　砂糖……………………… 小さじ1
　　オリーブ油……………… 小さじ2
ハム（細切り）…………………………… 4枚
塩　粗びき黒こしょう

作り方

1. フライパンに湯を沸かし、白菜を入れてゆでる。芯がやわらかくなったらざるにあげ、粗熱を取って手でしっかり水けを絞る。
2. ボウルに1の白菜、Aを入れてあえ、ハムを加えて塩、粗びき黒こしょう各少々をふる。

なすの本格漬けもの

ご飯やお酒のおともに漬けものがあるとうれしいもの。
漬けすぎると色が悪くなるので気をつけて。

材料（4人分）
- なす（縦半分に切る） ………… 大3本
- A
  - 酢 ……………………… 大さじ3
  - 砂糖 …………………… 大さじ½
  - 昆布だしの素 ………… 小さじ⅓
- 塩

作り方
1. なすは1本あたり塩小さじ½をもみ込み、室温に2時間おく。
2. 1の水けをしっかり絞って保存容器に入れ、A、水大さじ2を加えて冷蔵庫で2時間以上冷やす。斜め2㎝幅に切って器に盛る。

少し余裕をもって仕込んでね

きゅうりの梅かつおあえ

ビニール袋に材料全部入れたら、もんで終了～。
3分で1品できちゃうのがうれしいよね。

材料（4人分）
- きゅうり ……………………… 2本
- 梅干し（種を取る） ………… 3個
- A
  - かつお節 ……………… 大さじ3
  - 酢 ……………………… 大さじ1
  - 砂糖 …………………… 小さじ1
  - ごま油 ………………… 大さじ1
  - 塩 ……………………… ひとつまみ

作り方
ビニール袋にきゅうりを入れてめん棒でたたき、梅干し、Aを加えて袋の中でもむ。

もみもみするだけだから簡単！

太大根のポリポリ中華サラダ

時間がないときはコレ！
野菜スティックみたいに、生でポリポリがウマイ！

材料（4人分）
- 大根（1㎝角に切る） ………… ⅙本
- A
  - しょうゆ ……………… 大さじ1と½
  - 砂糖 …………………… 小さじ2
  - 酢 ……………………… 大さじ1
  - ごま油 ………………… 大さじ½

作り方
器に大根を盛り、合わせたAをかける。

ザクザク切ってたれをかける！

セロリのすっきりあえ

大根でかさ増し！ 塩もみ野菜の甘酢あえは、
こってりおかずと相性バツグン。

材料（4人分）
- セロリ（5㎝長さの薄切り） … 1本
- 大根（5㎝長さの薄切り） …… ⅙本
- A
  - 酢 ……………………… 大さじ2
  - 砂糖 …………………… 小さじ1
  - 赤唐辛子（小口切り） … 少々
- 塩

作り方
ボウルにセロリ、大根、塩ふたつまみを入れてもむ。野菜がしんなりしたら水けをきり、Aを加えてあえる。

シャキシャキおいし～！

野菜は
チンして時短！

温野菜のバターソテー

野菜は好みのものでもOK。
お弁当にも向きますよ。

材料(4人分)

かぼちゃ(幅半分に切って1cm幅に切る)	⅛個(200g)
ブロッコリー(小房に分け、軸は皮をむいて輪切り)	⅓株
しめじ(石づきを取り、ほぐす)	⅓パック
バター	30g
A ┌ 酒	大さじ1
├ 顆粒コンソメの素	小さじ½
└ 粗びき黒こしょう	少々

作り方

1. かぼちゃ、ブロッコリーはそれぞれ耐熱容器に入れ、電子レンジでかぼちゃは3分、ブロッコリーは1分加熱する。
2. フライパンにバターを溶かし、1のかぼちゃ、ブロッコリー、しめじを入れて炒める。しめじがしんなりしたらAを加えて調味する。

**あと1品欲しいときに！
速攻!! 野菜のおかず**

にんじんのシリシリ

シリシリは沖縄料理。にんじんが
ものすごくおいしく食べられます。

材料(4人分)

にんじん(せん切り)	1本
玉ねぎ(薄切り)	½個
ツナ缶	½個
卵	1個
めんつゆ(3倍濃縮)	大さじ1
サラダ油	

作り方

1. フライパンにサラダ油大さじ½を熱し、にんじん、玉ねぎ、ツナ缶を油ごと入れて炒める。
2. にんじんがしんなりしたら、溶いた卵を加えてサッと火を通す。水大さじ2を加えためんつゆで調味する。

ツナとめんつゆで
簡単味つけ！

長ねぎのうま炒め

長ねぎを丸々1本使う、めちゃうまおかず。
あっという間に作れます。

材料(4人分)

長ねぎ(斜め薄切り)	大1本
豚こま切れ肉	100g
赤唐辛子(小口切り)	少々
おろしにんにく	小さじ1
A ┌ しょうゆ	小さじ½
├ 酒	大さじ½
├ 塩	小さじ¼
└ 粗びき黒こしょう	少々
サラダ油	

作り方

フライパンにサラダ油大さじ1を熱し、豚肉を炒める。焼き色がついたら、長ねぎ、赤唐辛子、おろしにんにくを加えて炒め、長ねぎに油が回ったら、Aを入れてサッと炒め合わせる。

サッと炒めて
激うま！

れんこんの塩焼き

れんこん好きの友だちが教えてくれた
作り方。意外なほどクセになる!!

材料(4人分)

れんこん(皮ごと1.5cm厚さの輪切り)	小2節(200g)
塩　ごま油	

作り方

1. れんこんは酢水につけてアクを取る。
2. フライパンにごま油大さじ½を熱し、1のれんこんを焼く。焼き色がついたらごま油大さじ½を足して裏返し、塩ふたつまみをふって味をととのえる。

皮ごと焼くだけ。
めちゃうまい！

アボカドのどか盛りタルタル

アボカドはスプーンでくりぬいて、皮を器にするとおしゃれ。

材料（4人分）

アボカド（種を取り、スプーンでくりぬく）		1個
きゅうり（いちょう切り）		½本
かに棒かまぼこ（長さ4等分に切る）		4本
A	マヨネーズ	大さじ3
	塩・こしょう	各少々

作り方

ボウルにアボカド、きゅうり、かに棒かまぼこ、Aを入れてあえ、アボカドの皮に盛りつける。粗びき黒こしょう（分量外）をふる。

切ってあえるだけ！

オクラと豆腐のねばねばサラダ

豆腐は手でちぎると味がなじみやすいよ。

材料（4人分）

レタス（食べやすくちぎる）		2枚
絹ごし豆腐		1丁
A	オクラ（ゆでて輪切り）	5本
	しょうゆ	大さじ2
	酢	大さじ1と½
	砂糖・サラダ油	各大さじ1
	昆布だしの素	少々

作り方

器にレタスを盛り、豆腐をちぎりながらのせる。合わせたAをかける。

火を使わない＆ヘルシー！

キャベツの塩昆布あえ

まな板も包丁も不要。ちぎってあえればすぐに食べられます。

材料（4人分）

キャベツ（食べやすくちぎる）		¼個
塩昆布		大さじ1強
A	おろしにんにく・塩	各少々
	ごま油	大さじ2

作り方

ボウルにキャベツ、塩昆布、Aを合わせてあえる。

包丁いらずのおかず！

レンジでジャーマンポテト

ダンナはじゃがいもがあまり好きじゃないけど、これならよく食べるんだ～。

材料（4人分）

じゃがいも（皮ごと8等分に切る）		2個
バター		20g
おろしにんにく		小さじ½
玉ねぎ（薄切り）		½個
ソーセージ（斜め3等分に切る）		4本
A	しょうゆ	大さじ½
	塩	ふたつまみ
	粗びき黒こしょう	少々
パセリ（みじん切り）		少々

作り方

1. じゃがいもは耐熱容器に入れ、ふた（またはラップ）をして、電子レンジで4分加熱する。
2. フライパンにバターを溶かし、おろしにんにく、玉ねぎ、ソーセージを炒める。玉ねぎがしんなりしてきたら1のじゃがいもを加え、Aで調味する。器に盛り、パセリをふる。

あっという間に作れます！

おかずのひとつ。ボリュームたっぷり スープ

子どもたちは、苦手な野菜もスープにするとけっこう食べてくれる。だから、うちのスープはとっても具だくさん。おなかいっぱいになって温まる～！

ガツンとボリュームあります！

とろ～りやさしいクリーム味

キムチだんごスープ

子どもも食べやすい、マイルドなピリ辛味。
卵を入れたふわふわだんごでいただきましょ。

材料（4人分）

豚ひき肉		250g
玉ねぎ（みじん切り）		½個
A	卵	1個
	おろししょうが	小さじ¼
	塩	小さじ¼
	片栗粉	大さじ2
白菜（ざく切り）		2枚
にんじん（薄い短冊切り）		⅙本
キムチ（ざく切り）		150g
B	酒	大さじ1と½
	塩	小さじ½強
	しょうゆ	大さじ1
	みそ	小さじ2

作り方

1. ボウルにひき肉、玉ねぎ、Aを入れてよく混ぜ、ひと口に丸める。
2. 鍋に水5カップを沸かし、沸騰したら白菜、にんじんを入れてふたをし、5分ほど煮る。
3. 野菜がやわらかくなったらキムチ、Bを加えて煮立て、1のだんごを入れて火を通す。

きのこのポタージュ

しめじは細かく刻めば、野菜嫌いの子も大丈夫。
粉チーズを入れるとコクが出ます。

材料（4人分）

しめじ（みじん切り）		½パック
バター		30g
牛乳		3カップ
A	顆粒コンソメの素	大さじ1
	粉チーズ	大さじ1
	パセリ（みじん切り）	大さじ1
小麦粉		

作り方

1. 鍋にバターを溶かし、しめじを入れて炒める。小麦粉大さじ4をふり入れて全体になじませ、牛乳を少しずつ加えて混ぜる。
2. 水1カップを加えて弱めの中火で温め、Aで調味する。器に盛り、好みで塩、粗びき黒こしょうをふる。

しょうがミルクスープ

やさしい味で、和にも洋にも合う！

牛乳は最後に入れるともろもろしないよ！
多めに作れば牛乳鍋にもなります。

材料（4人分）
- 豚こま切れ肉 …… 100g
- 白菜（ざく切り） …… ½枚
- にんじん（短冊切り） …… ⅓本
- 木綿豆腐（2cm角に切る） …… 1丁
- A
  - 粉末鶏ガラスープの素 …… 小さじ2
  - めんつゆ（3倍濃縮） …… 大さじ4
  - 砂糖 …… 小さじ1と½
  - おろししょうが …… 小さじ2
- 牛乳 …… 1と½カップ

作り方
1. 小鍋に水2と½カップを入れて火にかけ、沸騰したら豚肉、白菜、にんじん、豆腐を加えて煮る。
2. 再び煮立ったらアクを取ってAを加え、野菜がしんなりしたら牛乳を加えてサッと火を通す。

中華風コーンスープ

これを作ると子どもが大喜び！

溶き卵は細く流して泡立て器で混ぜると
お店みたいにきめ細かなかき玉ができます。

材料（4人分）
- コーンクリーム缶 …… 大1缶（435g）
- A
  - 酒 …… 大さじ1
  - 塩 …… 小さじ½強
  - 粉末鶏ガラスープの素 …… 大さじ1
  - こしょう …… 少々
- 卵 …… 1個
- 片栗粉

作り方
1. 鍋にコーンクリーム缶を入れ、水2カップを加えて泡立て器で混ぜる。中火で煮立てたら、Aを加えて温める。
2. 1に水溶き片栗粉（片栗粉大さじ1、水大さじ2）を加えてとろみをつけたら、溶いた卵を細く加え、泡立て器で混ぜて、ひと煮立ちさせる。

みきママおすすめ☆献立カレンダー

	日 週初めは豪華に	月 和食	火 洋食
1週め	**野菜もたっぷりでおいし〜** 鶏肉と野菜の彩り黒酢あんかけ P76 れんこんの塩焼き P90 とろ〜りかき玉汁 P21	**野菜でかさ増し。魚メイン** ぶりと野菜の甘辛あん P77 5分で！筑前煮 P21 しょうがミルクスープ P93	**ファミレスっぽくてうれしい！** 餃子の皮でラザニア P65 温野菜のバターソテー P90
2週め	**葉ものは新鮮なうちに食べよ〜！** フライパンで簡単ふわふわピザ P25 しそバーグ P79	**お好みのみそ汁を添えてね！** 照り焼きアボカド丼 P80 夏野菜の焼きびたし P88	**安いお肉でも豪華なおかず** 豚こま肉で満腹ステーキ P62 マッシュポテト P25 速攻コンソメスープ P25
3週め	**もりもり食べられる〜！** 餃子丼 P82 トマトと卵の中華炒め P77 いか焼き P17	**クラクラするおいしさ〜！** 卵ソースのせしょうが焼き P68 オクラと豆腐のねばねばサラダ P91 お赤飯 P82	**カラフルでおいしそう〜！** 肉だんごのトマト煮 P45 彩り野菜のジュレサラダ P74 きのこのポタージュ P92
4週め	**外食みたいに楽しめる〜！** 炊飯器で洋風ピラフ P81 デミグラ煮込みハンバーグ P63 彩り野菜のジュレサラダ P74	**野菜がたっぷり食べられます** 豚玉丼 P44 鶏肉とごぼうのみそ煮 P78 きゅうりの梅かつおあえ P89	**たまにはパスタメインも◎！** アマトリチャーナ風パスタ P87 ミルフィーユキャベツ P24 レンジでジャーマンポテト P91

この本で紹介したおかずをシャッフルして、ほぼ1か月分の献立を考えてみました。作りやすい組み合わせなので、「みきママ献立入門編」！ 今日は何にしよう…と迷ったら、参考にしてみてね～！

水 中華	木 多国籍	金 居酒屋	土 在庫一掃
子どもも喜ぶメニューです	**大人も子どもも大好きメニュー**	**今日は洋風居酒屋で!**	**残りもの感ゼロの豪華さ**
野菜たっぷり春巻き P29	スパイシ～！ジャンバラヤ P81	どでかフライドチキン＆フライドポテト P69	野菜もりもり！蒸ししゃぶ P66
レタスの中華あえ P29	水菜のカリカリベーコンサラダ P88	クリスピー！餃子ピザ P75	じゃがいもと豚肉のとろとろ煮 P37
残り野菜でトムヤムクン P33	ポテトミートグラタン P42	セロリのすっきりあえ P89	
おいし～麺でおなかいっぱい！	**豪華盛りでボリューミーに**	**関西系でいってみよ～！**	**ご飯がすすむメニューだよ**
上海焼きそば P86	ビッグガパオ P32	キャベツたっぷりとん平焼き P69	ピーマンの肉詰め P45
太大根のポリポリ中華サラダ P89	アボカドのどか盛りタルタル P91	串カツスペシャル P74	白菜とハムのうまサラダ P88
卵わかめスープ P16	キムチだんごスープ P92	なすの本格漬けもの P89	しょうがミルクスープ P93
お店気分で楽しめる～	**おこわに肉をのせても！**	**いろんなものが食べられる！**	**さっぱり味を組み合わせて**
本格担々麺 P28	藤原家の北京ダック風（肉のみ） P72	カレーサテ P33	マーボー根菜丼 P43
味つけ卵 P79	おもちで！中華おこわ P83	にんじんのシリシリ P90	キャベツの塩昆布あえ P91
小松菜で空芯菜風炒め P32	もやしのラーメンスープ P29	冷製トマトそうめん P84	卵わかめスープ P16
ご飯にもビールにも合います！	**さっぱり食べたいときに**	**ビールがうますぎ～！**	**野菜でボリュームアップ！**
回鍋肉 P43	ひやむぎでビビン麺 P85	辛うま！ヤンニョムチキン P70	スタミナ炒め P16
トマトと卵の中華炒め P77	長ねぎのうま炒め P90	レタスの肉みそのせ P71	ごぼうのフライパンかき揚げ P41
中華風コーンスープ P93	太大根のポリポリ中華サラダ P89	のりチーズ焼き P36	彩り野菜漬け P21

素材別おかずインデックス

作るものに迷ったら、おうちにある食材から探してみよ〜。

肉・加工肉

●牛肉
- ローストビーフ … 64

●鶏肉
- 辛うま! ヤンニョムチキン … 70
- カレーサテ … 33
- 5分で! 筑前煮 … 21
- 照り焼きアボカド丼 … 80
- どでかフライドチキン&フライドポテト … 69
- 鶏肉とごぼうのみそ煮 … 78
- 鶏肉と野菜の彩り黒酢あんかけ … 76
- 残り野菜一掃! カレー鍋 … 40
- 藤原家の北京ダック風 … 72

●豚肉
- キャベツたっぷりとん平焼き … 69
- 串カツスペシャル … 74
- じゃがいもと豚肉のとろとろ煮 … 37
- しょうがミルクスープ … 93
- スパイシ〜! ジャンバラヤ … 81
- 卵ソースのせ しょうが焼き … 68
- 長ねぎのうま炒め … 90
- 肉巻きおにぎり … 83
- 白菜のうま煮ラーメン … 86
- 豚こま肉で満腹ステーキ … 62
- 豚丼の具 … 13
- 豚肉のスパイス炒め … 53
- 回鍋肉 … 43
- みそチャーシュー … 71
- メガトンステーキ … 36
- もちもち角煮まん … 75
- 野菜もりもり! 蒸ししゃぶ … 66

●ひき肉
- おもちで! 中華おこわ … 83
- キムチだんごスープ … 92
- 餃子丼 … 82
- 餃子の皮でラザニア … 65
- しそバーグ … 79
- デミグラ煮込みハンバーグ … 63
- 照り焼きバーガー … 73
- 万能ひき肉だね … 13
- 本格担々麺 … 28
- マーボー根菜丼 … 43
- レタスの肉みそのせ … 71

●ソーセージ
- さめてもサクサク! 天ぷら … 67
- ソーセージパン … 51
- 速攻コンソメスープ … 25
- 残り野菜一掃! カレー鍋 … 40
- レンジでジャーマンポテト … 91

●ハム・ベーコン
- アマトリチャーナ風パスタ … 87
- 白菜とハムのうまサラダ … 88
- フライパンひとつで! 濃厚カルボナーラ … 87
- 水菜のカリカリベーコンサラダ … 88

魚介

●いか
- いか焼き … 17

●えび
- クリスピー! 餃子ピザ … 75
- さめてもサクサク! 天ぷら … 67
- 上海焼きそば … 86

●小えび
- ごぼうのフライパンかき揚げ … 41
- 残り野菜でトムヤムクン … 33

●鮭
- 串カツスペシャル … 74

●たら
- フィッシュ&チップス … 73

●ぶり
- ぶりと野菜の甘辛あん … 77
- ぶりの即席みそ焼き … 20

野菜

●アボカド
- アボカドディップ … 53
- アボカドのどか盛りタルタル … 91
- 照り焼きアボカド丼 … 80

●大葉
- しそバーグ … 79

●オクラ
- オクラと豆腐のねばねばサラダ … 91
- 夏野菜の焼きびたし … 88

●かぼちゃ
- 温野菜のバターソテー … 90
- 串カツスペシャル … 74
- さめてもサクサク! 天ぷら … 67

●キャベツ
- キャベツたっぷりとん平焼き … 69
- キャベツの塩昆布あえ … 91
- 残り野菜一掃! カレー鍋 … 40
- ミルフィーユキャベツ … 24
- 野菜たっぷり春巻き … 29
- 野菜ミックス … 13
- 野菜もりもり! 蒸ししゃぶ … 66

●きゅうり
- アボカドのどか盛りタルタル … 91
- 彩り野菜漬け … 21
- きゅうりの梅かつおあえ … 89
- ひやむぎでビビン麺 … 85
- 藤原家の北京ダック風 … 72
- 本格担々麺 … 28
- 冷製トマトそうめん … 84

●グリーンアスパラ
- 野菜もりもり! 蒸ししゃぶ … 66

●ごぼう
- ごぼうのフライパンかき揚げ … 41
- 根菜ミックス … 13
- 鶏肉とごぼうのみそ煮 … 78

●小松菜
- 小松菜で空芯菜風炒め … 32

●さやいんげん
- 5分で! 筑前煮 … 21
- 肉豆腐 … 44
- ビッグガパオ … 32
- 豚こま肉で満腹ステーキ … 62
- フライパンで簡単ふわふわピザ … 25
- ぶりと野菜の甘辛あん … 77
- メガトンステーキ … 36

●じゃがいも
- 辛うま! ヤンニョムチキン … 70
- じゃがいもと豚肉のとろとろ煮 … 37
- じゃがいもマッシュ … 13
- デミグラ煮込みハンバーグ … 63
- どでかフライドチキン&フライドポテト … 69
- 鶏肉と野菜の彩り黒酢あんかけ … 76
- フィッシュ&チップス … 73
- レンジでジャーマンポテト … 91

●セロリ
- セロリのすっきりあえ … 89

●大根
- 彩り野菜漬け … 21
- 根菜ミックス … 13
- セロリのすっきりあえ … 89
- 残り野菜一掃! カレー鍋 … 40
- 太大根のポリポリ中華サラダ … 89
- メガトンステーキ … 36
- もやしのラーメンスープ … 29

●玉ねぎ
- アマトリチャーナ風パスタ … 87
- 彩り野菜のジュレサラダ … 74
- 辛くない! サルサソース … 53
- キムチだんごスープ … 92
- 餃子丼 … 82
- 餃子の皮でラザニア … 65
- しそバーグ … 79
- じゃがいもと豚肉のとろとろ煮 … 37
- 炊飯器で洋風ピラフ … 81
- スパイシ〜! ジャンバラヤ … 81
- 卵ソースのせ しょうが焼き … 68
- デミグラ煮込みハンバーグ … 63
- 照り焼きバーガー … 73
- 鶏肉と野菜の彩り黒酢あんかけ … 76
- にんじんのシリシリ … 90
- 万能ひき肉だね … 13
- 豚こま肉で満腹ステーキ … 62
- 豚丼の具 … 13
- フライパンひとつで! 濃厚カルボナーラ … 87
- ぶりと野菜の甘辛あん … 77
- メガトンステーキ … 36
- 野菜もりもり! 蒸ししゃぶ … 66
- レタスの肉みそのせ … 71
- レンジでジャーマンポテト … 91
- ローストビーフ … 64

●トマト
- 彩り野菜のジュレサラダ … 74
- 辛くない! サルサソース … 53
- トマトと卵の中華炒め … 77
- 夏野菜の焼きびたし … 88
- ひやむぎでビビン麺 … 85
- 冷製トマトそうめん … 84

●長ねぎ
- 卵わかめスープ … 16
- 長ねぎのうま炒め … 90
- 残り野菜一掃! カレー鍋 … 40
- ぶりの即席みそ焼き … 20
- 本格担々麺 … 28
- レタスの中華あえ … 29

●なす
- さめてもサクサク! 天ぷら … 67
- 鶏肉と野菜の彩り黒酢あんかけ … 76
- なすの本格漬けもの … 89
- 夏野菜の焼きびたし … 88
- ぶりと野菜の甘辛あん … 77

●にら
- 餃子丼 … 82
- 上海焼きそば … 86

●にんじん
彩り野菜漬け	21
おもちで! 中華おこわ	83
キムチだんごスープ	92
根菜ミックス	13
しょうがミルクスープ	93
炊飯器で洋風ピラフ	81
スタミナ炒め	16
スパイシ〜! ジャンバラヤ	81
デミグラ煮込みハンバーグ	63
鶏肉とごぼうのみそ煮	78
鶏肉と野菜の彩り黒酢あんかけ	76
にんじんのシリシリ	90
残り野菜一掃! カレー鍋	40
白菜のうま煮ラーメン	86
ビッグガパオ	32
藤原家の北京ダック風	72
ぶりの即席みそ焼き	20
野菜たっぷり春巻き	29
野菜ミックス	13
野菜もりもり! 蒸ししゃぶ	66

●白菜
キムチだんごスープ	92
しょうがミルクスープ	93
白菜とハムのうまサラダ	88
白菜のうま煮ラーメン	86

●パプリカ
彩り野菜のジュレサラダ	74

●万能ねぎ
残り野菜一掃! カレー鍋	40
残り野菜でトムヤムクン	33

●ピーマン
カレーサテ	33
さめてもサクサク! 天ぷら	67
炊飯器で洋風ピラフ	81
スタミナ炒め	16
スパイシ〜! ジャンバラヤ	81
鶏肉と野菜の彩り黒酢あんかけ	76
夏野菜の焼きびたし	88
ピーマンの肉詰め	45
ビッグガパオ	32
レタスの肉みそのせ	71

●プチトマト
カレーサテ	33
残り野菜一掃! カレー鍋	40
フライパンで簡単ふわふわピザ	25
本格担々麺	28

●ブロッコリー
温野菜のバターソテー	90
デミグラ煮込みハンバーグ	63

●水菜
水菜のカリカリベーコンサラダ	88

●もやし
上海焼きそば	86
残り野菜でトムヤムクン	33
野菜たっぷり春巻き	29
野菜ミックス	13
もやしのラーメンスープ	29

●レタス
彩り野菜のジュレサラダ	74
オクラと豆腐のねばねばサラダ	91
藤原家の北京ダック風	72

レタスの中華あえ	29
レタスの肉みそのせ	71

●レッドキャベツ
彩り野菜のジュレサラダ	74

●れんこん
串カツスペシャル	74
根菜ミックス	13
さめてもサクサク! 天ぷら	67
鶏肉と野菜の彩り黒酢あんかけ	76
ぶりの即席みそ焼き	20
れんこんの塩焼き	90

きのこ
温野菜のバターソテー	90
きのこのポタージュ	92
串カツスペシャル	74
根菜ミックス	13
炊飯器で洋風ピラフ	81
デミグラ煮込みハンバーグ	63
とろ〜り かき玉汁	21
残り野菜でトムヤムクン	33
フライパンひとつで! 濃厚カルボナーラ	87
野菜たっぷり春巻き	29
野菜もりもり! 蒸ししゃぶ	66
レタスの肉みそのせ	71

卵
味つけ卵	79
カップちらし寿司	37
キャベツたっぷりとん平焼き	69
卵ソースのせ しょうが焼き	68
卵わかめスープ	16
中華風コーンスープ	93
トマトと卵の中華炒め	77
とろ〜り かき玉汁	21
にんじんのシリシリ	90
ビッグガパオ	32
ひやむぎでビビン麺	85
豚玉丼	44
フライパンひとつで! 濃厚カルボナーラ	87
みそチャーシュー	71

チーズ
餃子の皮でラザニア	65
串カツスペシャル	74
クリスピー! 餃子ピザ	75
締めのチーズリゾット	41
のりチーズ焼き	36
ピザ	51
フライパンで簡単ふわふわピザ	25
ポテトミートグラタン	42

加工品

●かに棒かまぼこ
アボカドのどか盛りタルタル	91

●キムチ
キムチだんごスープ	92

●餃子の皮
餃子の皮でラザニア	65
クリスピー! 餃子ピザ	75

●こんにゃく
鶏肉とごぼうのみそ煮	78

●ちくわ
さめてもサクサク! 天ぷら	67

●豆腐
オクラと豆腐のねばねばサラダ	91
しょうがミルクスープ	93
肉豆腐	44

●春巻きの皮
野菜たっぷり春巻き	29

●はんぺん
串カツスペシャル	74

乾物・缶詰・その他

●切りもち
おもちで! 中華おこわ	83

●コーン缶(クリーム・ホール)
中華風コーンスープ	93
ピザ	51
豚こま肉で満腹ステーキ	62

●ささげ
お赤飯	82

●ツナ缶
にんじんのシリシリ	90

●デミグラスソース缶
デミグラ煮込みハンバーグ	63

●トマト缶
アマトリチャーナ風パスタ	87
餃子の皮でラザニア	65
肉だんごのトマト煮	45

●のり
のりチーズ焼き	36

●春雨
野菜たっぷり春巻き	29

●干ししいたけ
おもちで! 中華おこわ	83

●ミートソース缶
ポテトミートグラタン	42

●わかめ(乾燥)
卵わかめスープ	16

作りおき

●根菜ミックス
カップちらし寿司	37
5分で! 筑前煮	21
速攻コンソメスープ	25
マーボー根菜丼	43

●じゃがいもマッシュ
ポテトミートグラタン	42
マッシュポテト	25

●万能ひき肉だね
肉だんごのトマト煮	45
ピーマンの肉詰め	45
ビッグガパオ	32
ミルフィーユキャベツ	24

●豚丼の具
スタミナ炒め	16
速攻☆肉野菜炒め	17
肉豆腐	44
豚玉丼	44
野菜たっぷり春巻き	29

●野菜ミックス
速攻☆肉野菜炒め	17
回鍋肉	43

おわりに

「ママ、これすごくおいしいね～!!」
この言葉を聞けると、
よっしゃ～!!　ものすごくうれしい。

家族に、健康的でパワーのつく、
おいしいごはんを食べさせたい!!
そんな気持ちで毎日食事を作っています。
この本は、わが家で人気のメニューを
ギュッと押し込めました。
皆さんの毎日の食事作りに役立てて
いただけたら、とってもうれしいです!!

最後に、皆さんの温かい応援のおかげで、
この本ができました。
本当に本当に心からありがとうございました!!

藤原美樹

みきママ（藤原美樹）

神奈川県出身。主婦歴9年。夫と7歳のはる兄、4歳のれんちびの食事作りに励む毎日。自身のブログ「藤原家の毎日家ごはん。」では、毎日安くて豪華に見える献立を提案し、主婦を中心に絶大な人気をもつ。おうち料理研究家として、TVや雑誌の連載で活躍中。著書『藤原さんちの毎日ごはん』『藤原さんちの毎日ごはん2』（ともに主婦と生活社）
http://ameblo.jp/mamagohann/

✿ staff

撮影
三佐和隆士、三村健二、みきママ

ブックデザイン
門松清香

ディレクション・構成・取材
坂本典子、佐藤由香（シェルト＊ゴ）

校閲
滝田 恵（シェルト＊ゴ）

編集担当
佐藤真由美

✿ 撮影協力

Kitchen×Dining
（みきママエプロン　クロス一部）
http://www.kitchenxdining.com/
メール　info@kitchenxdining.com

みきママのめちゃうま！おうちごはん

著　者	みきママ
編集人	小田切英史
発行人	伊藤 仁
発行所	株式会社　主婦と生活社
	〒104-8357　東京都中央区京橋3-5-7
	http://www.shufu.co.jp
編集部	☎03・3563・5194
販売部	☎03・3563・5121
生産部	☎03・3563・5125
印刷所	共同印刷株式会社
製本所	大日本印刷株式会社

Ⓡ本書を無断で複写複製（電子化を含む）することは、著作権法上の例外を除き、禁じられています。本書をコピーされる場合は、事前に日本複写権センター（JRRC）の許諾を受けてください。
また本書を代行業者等の第三者に依頼してスキャンやデジタル化をすることは、たとえ個人や家庭内の利用であっても一切認められておりません。
JRRC（http://www.jrrc.or.jp　メール：info@jrrc.or.jp　☎03・3401・2382）

乱丁・落丁の場合は、お買い求めの書店か、小社生産部にご連絡ください。
お取り替えいたします。

ISBN978-4-391-14150-4
©Mikimama 2012 Printed in Japan